数字化生活 区块链 书系

区块"链"接智能

吴锐 刘导◎著

電子工業出版社
Publishing House of Electronics Industry
北京•BEIJING

一本书读懂区块链：变革世界的智能网络

PREFACE

前　言

如果说互联网改变了信息传递方式，让人们可以在全球范围内快速地传递信息，那么区块链则改变了价值传递方式，让全世界任意两个陌生人之间都可以在不依赖第三方信任中介的情况下自由交易、交换价值。

区块链为价值的传递提供了真实透明的数字化“链”接技术，成为变革世界的网络技术基石。无论是与经济息息相关的金融领域，还是科技产业方面的人工智能、物联网、大数据等领域都将通过区块链技术实现价值互联和数字化“链”接。运用区块链技术是一个需要用新思维、新方法、新技术去解决各个分布式场景的过程，这时掌握区块链发展的来龙去脉和成功案例，学习区块链的相关知识，了解区块链与其他智能新技术一起变革世界的影响和意义，显得尤其必要。

在商业、企业、慈善乃至政府的交易过程中，可能都会遇到各种价值交换与转移中存在的欺诈、虚假、成本高等痛点或现象，都需要借助区块链实现共识监督、共同维护、共享网络，让价值的传递和交换真实、透明、可信。否则，这类问题将越来越突出，成本也将越来越高。于是，基于此类痛点或现象，本书对区块链的相关内容进行细分，进而各个突破。

之前，人们警惕对方，害怕欺诈，不得不付出高额成本让第三方机构代理处理交易，而如今，人们完全可以通过区块链技术在网络中建立任意点对点的可靠的信任机制，进行无中介化交易。例如，第一个电子现金系统——Bitcoin，在这个系统中，交易的双方建立了可靠的信任基础，可以直接进行支付，不需要第三方中介的参与。有了这个技术方案，交易的成本可以大幅度降低，交易应用的范围可以延伸至最小化的商业服务场景，如小型的不可逆服务等。具体的运作原理详见本书的第 1 章和第 2 章。

当人们在网络中建立了信任的共识机制后，就会逐渐形成在这个价值互联网上实践合理的场景应用或者解决实际的交易问题的习惯。通过将契约型的约定智能化，可以让价值自动转移或交换。这样当我们掌握了区块链的核心技术应用（详见第 3 章）后，就可以很快在不确定的环境下，建立满足人们活动需求的“信任”生态，为下一步各行业的应用做铺垫。

区块链的应用领域将最先从人们对于相互建立信任的需求最迫切，

但又最不容易建立信任的领域切入，如金融领域。本书第 4 章对金融领域进行了细分，通过对支付、审计、保险、证券各个领域目前面临的痛点，展示区块链技术如何通过建立社会信任的网络，为金融领域解决信任、信用、信誉的问题。

随着人们生活的智能化发展，人们对于区块链应用场景的需求也日益增加。例如，实现低成本的万物互联、加强人们活动产生数据的可信度和隐私保护、享受人工智能共享网络等，在这些方面本书第 5 章、第 6 章、第 7 章都设置了大量案例解析，并给出解决方案。例如，在如何用区块链解决物联网落地的难题方面，本书给出的案例和解决方案如下：“为了避免不同网络下的安全问题对物联网节点的互通互联造成的高成本和严重影响，借助区块链的 P2P 信任互联网络和数据加密技术，有效解决其中的信任问题和两两互联导致的高成本问题。”

建立点对点信任化的网络体系后，我们还需要识别人们活动的海量数据，使之更精准地服务用户，并提高用户体验。但就当前的大数据技术而言，我们想要高效地利用这些数据的难度很大，因为数据质量低下、数据泄露等问题还没有得到解决，我们不可能通过生搬硬套的方式，去将数据人工分类。这时，我们需要了解区块链对数据的创新的记录和验证模式，进而准备有针对性的解决方案来追溯数据的源头和分布式存储数据，并对数据进行检查，让区块链成为验证数据出处和准确性的核心工具。

在数字化经济发展的过程中，机器的智能化水平不断提高，能借助机器学习、深度学习等人工智能技术自动对数据进行采集、存储、处理，人工智能逐渐帮助我们实现人类智慧想要完成的事情，让机器以更快的速度记录和存储数据，以更短的时间分辨数据是否被篡改等。所以，人工智能在一定程度上改变了区块链网络。

反过来，区块链由于能够将数据安全共享，保护人们的隐私，并可以追溯数据来源，对数据加密，也将改变人工智能的发展。区块链和人工智能相互影响并相辅相成，将建立一种变革世界的新型的智能网络。

人们都渴望生活在一个公正、公平、信任的环境或者场景中，那么，区块链技术必不可少。人们一方面渴望共享社会资源、信息公开透明，另一方面也希望保护个人隐私。因为区块链具有公开透明、防篡改、保护隐私等特性，所以在解决这些难题方面，区块链有着天然优势（详见第 8 章、第 9 章）。

当然，区块链的优势也体现在医疗方面（详见第 10 章）。医疗机构、患者、监管机构、供应商具有不同的需求，我们就需要找到他们到底在“担心”什么，在“渴求”什么。找到这些，我们可以结合区块链技术，将患者及其利益相关者的风险降到最低，并促进精准医疗的发展。

本书对区块链如何智能地应用在能源领域（详见第 11 章）也有所研究，如分布式能源交易、安全记录能源流等，并建议通过一种智能的方式解决未来能源交易和共享的问题。

因此，对于不同的场景或者行业，我们采取不同的问题分析方式。安全挑战、信任依赖、数据泄露难题等都有一个十分重要的前提，就是拒绝依赖“第三方中介”。这种无中介化的交易不仅降低了成本，也帮助建立了新的信任共识机制。当我们完成难题或者痛点分析后，就需要找到可行的解决方案和参考案例等，这些方案和案例有助于我们系统地掌握区块链的知识。

最后，对于区块链如何改变世界（详见第 12 章）这一问题，我们通过宏观分析、行业发展需求、巨头行动等进行了详细的讲解和展示。其中，在宏观分析中，我们必须认识到区块链技术应用是一种必然，区块链带来的智能网络、智能应用将成为未来智慧城市、智能化生活发展的根基。区块链同样也降低了行业的成本，并带动传统行业重新洗牌。

如今，区块链创业公司成为各种资本追逐的目标，国内外巨头公司抢先布局区块链。区块链技术的巨大价值由此可见。所以，笔者建议立足区块链发展的公司或者个人保持对区块链发展的持续关注，感兴趣的人士做好了解区块链和利用区块链分析、解决实际问题的准备工作。

CONTENTS

目　录

第 1 章

区块链概述

区块链自诞生之日起，就给全世界带来了巨大的影响。一种新的电子现金被创造出来，打破了传统纸币的“黑盒子”，让现金流的每一笔动向都有“链”可查。区块链在变革世界的同时，本身也在快速发展，创造性地解决了信任共识问题，并发展出一种智能合约，带来了巨大的应用前景，引发世界性的关注，迅速成为一场全球各国参与竞逐的科技创新大赛。本章将详细介绍区块链的由来、发展和各国国家层面对区块链的态度。

1.1 区块链的由来

随着密码学技术、分布式网络、工作量证明算法、时间戳记录和分散式电子现金理论的飞速发展，区块链的诞生条件日趋成熟。继比特币的诞生成为区块链标志性事件之后，以太坊开创性地将智能合约和区块链结合起来，区块链技术呈现出了爆发性的发展。本节将对区块链的诞生、兴起、发展进行详细说明。

1.1.1 中本聪：区块链之父

近年来，区块链在全球的热度逐年递增。Google Trend 显示，区块链搜索趋势增长呈现良好的发展态势，如图 1-1 所示。而且区块链项目在全球迅速呈现爆发式增长：“根据研究机构（博链数据库）数据统计，截至 2017 年 4 月底，全球 455 家区块链和比特币相关公司累计获得融资额 19.47 亿美元。”

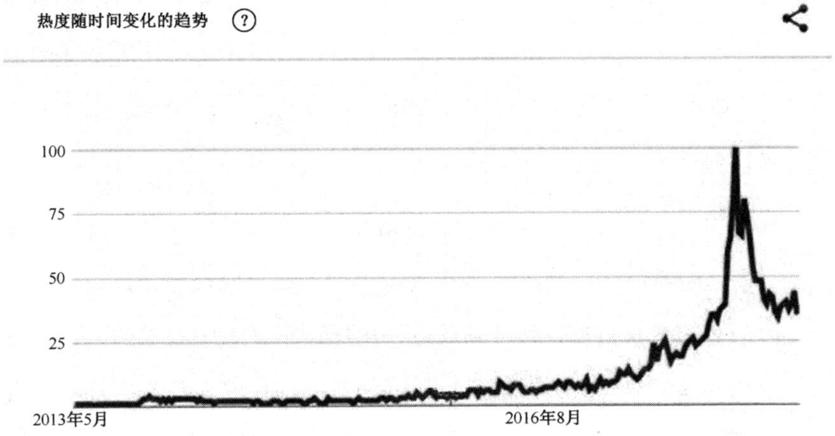

图 1-1 Google Trend “Block Chain”全球搜索热度趋势图

百度指数国内热度搜索显示，自 2018 年开始，区块链热度一度超过人工智能，热度最高时曾达到人工智能的 7 倍，如图 1-2 所示。因此，在区块链即将推动技术革命新浪潮的时刻，我们不禁会问：区块链是怎么诞生的？这还要从 2008 年中本聪设计的比特币说起。

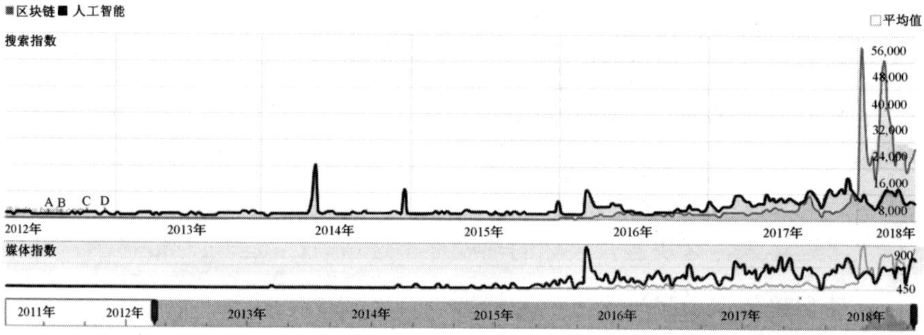

图 1-2　百度指数“区块链”与“人工智能”国内热度搜索比较图

2008 年，一位名叫中本聪（英语：Satoshi Nakamoto）的神秘人物发表了一篇名为《比特币：一种点对点式的电子现金系统》（*Bitcoin: A Peer-to-Peer Electronic Cash System*）的论文。文中定义了一种全新的货币——“比特币”，它是一种电子现金，可以完全实现个人对个人的在线交易，而不需要可信任第三方的介入。

2009 年，中本聪发布了首个比特币软件，并正式启动了比特币金融系统。在这个系统中，每一个持有比特币的人如果想查询、记录及接收带有时间戳的交易数据，都必须通过使用比特币的人所组成的计算机网络进行相应操作。而且所有的比特币交易数据都存放在整个比特币网络社区共同维护的数据库中，这个数据库被称为最早的“区块链”（Block Chain）。

区块链中的第一个区块创建于 2009 年 1 月 3 日，被称作“创世纪的 Block”（Genesis Block），简称“创世区块”。创世区块是区块链中所有区块的共同“祖先”，这意味着我们从系统中的任一区块，循链（Chain）回溯，最终都可以到达创世区块。

创世区块部分截图如图 1-3 所示，其中，方框内“EThe Times 03/Jan/2009 Chancellor on brink of second bailout for banks”这一串数据是“区块链之父”中本聪在 2009 年 1 月 3 日写入的，这串数据代表一句话：“2009 年 1 月 3 日，财政大臣正处于实施第二轮银行紧急援助的边缘。”由于区块链数据的不可篡改和不可逆特点，所以，创世区块中所产生的时间信息及当时所记录的事件内容将被永久保留下来。

```
00000000  f9 be b4 d9 1d 01 00 00  01 00 00 00 00 00 00 00  |................|
00000010  00 00 00 00 00 00 00 00  00 00 00 00 00 00 00 00  |................|
00000020  00 00 00 00 00 00 00 00  00 00 00 00 3b a3 ed fd  |............;...|
00000030  7a 7b 12 b2 7a c7 2c 3e  67 76 8f 61 7f c8 1b c3  |z{..z.,>gv.a....|
00000040  88 8a 51 32 3a 9f b8 aa  4b 1e 5e 4a 29 ab 5f 49  |..Q2:...K.^J)._I|
00000050  ff ff 00 1d 1d ac 2b 7c  01 01 00 00 00 01 00 00  |......+|........|
00000060  00 00 00 00 00 00 00 00  00 00 00 00 00 00 00 00  |................|
00000070  00 00 00 00 00 00 00 00  00 00 00 00 00 00 ff ff  |................|
00000080  ff ff 4d 04 ff ff 00 1d  01 04 45 54 68 65 20 54  |..M.......EThe T|
00000090  69 6d 65 73 20 30 33 2f  4a 61 6e 2f 32 30 30 39  |imes 03/Jan/2009|
000000a0  20 43 68 61 6e 63 65 6c  6c 6f 72 20 6f 6e 20 62  | Chancellor on b|
000000b0  72 69 6e 6b 20 6f 66 20  73 65 63 6f 6e 64 20 62  |rink of second b|
000000c0  61 69 6c 6f 75 74 20 66  6f 72 20 62 61 6e 6b 73  |ailout for banks|
000000d0  ff ff ff ff 01 00 f2 05  2a 01 00 00 00 43 41 04  |........*....CA.|
000000e0  67 8a fd b0 fe 55 48 27  19 67 f1 a6 71 30 b7 10  |g....UH'.g..q0..|
000000f0  5c d6 a8 28 e0 39 09 a6  79 62 e0 ea 1f 61 de b6  |\..(.9..yb...a..|
00000100  49 f6 bc 3f 4c ef 38 c4  f3 55 04 e5 1e c1 12 de  |I..?L.8..U......|
00000110  5c 38 4d f7 ba 0b 8d 57  8a 4c 70 2b 6b f1 1d 5f  |\8M....W.Lp+k.._|
00000120  ac 00 00 00 00 f9 be b4  d9 d7 00 00 00 01 00 00  |................|
00000130  00 6f e2 8c 0a b6 f1 b3  72 c1 a6 a2 46 ae 63 f7  |.o......r...F.c.|
00000140  4f 93 1e 83 65 e1 5a 08  9c 68 d6 19 00 00 00 00  |O...e.Z..h......|
00000150  00 98 20 51 fd 1e 4b a7  44 bb be 68 0e 1f ee 14  |.. Q..K.D..h....|
00000160  67 7b a1 a3 c3 54 0b f7  b1 cd b6 06 e8 57 23 3e  |g{...T.......W#>|
00000170  0e 61 bc 66 49 ff ff 00  1d 01 e3 62 99 01 01 00  |.a.fI......b....|
00000180  00 00 01 00 00 00 00 00  00 00 00 00 00 00 00 00  |................|
00000190  00 00 00 00 00 00 00 00  00 00 00 00 00 00 00 00  |................|
000001a0  00 00 00 ff ff ff ff 07  04 ff ff 00 1d 01 04 ff  |................|
000001b0  ff ff ff 01 00 f2 05 2a  01 00 00 00 43 41 04 96  |.......*....CA..|
000001c0  b5 38 e8 53 51 9c 72 6a  2c 91 e6 1e c1 16 00 ae  |.8.SQ.rj,.......|
```

图 1-3　创世区块部分截图

比特币只是开始，它的诞生带来了革命性的新概念和新应用，例如，区块链（Block Chain）就是从比特币技术中提取出来并成为一种产业应用获得飞速的发展；电子货币的涌起；共识机制的建立开始构建真正的信任互联网；分布式存储革命性地改变了存储方式，让数据永久保存不被篡改等。这些新的革命性的技术都是从比特币的成功实践中快速发展起来的，为全世界数字经济的发展奠定了基础。

1.1.2 从“比特币”到“区块链”的颠覆性转变

自 2009 年比特币开源代码公布之后，区块链技术就开始发挥它的巨大影响力。这个原本用于建立一种电子现金系统——比特币的底层技术，由于完美地解决了交易各方信任机制的问题，体现出前所未有的技术优势，迅速演变成不可思议的技术工具，开始在不同的行业、不同的场景广泛应用。

例如，区块链中分布式数据库的账本系统。通过一个公共账本我们可以解决身份识别、资产认证、资产登记、用户注册、数据存储、交易交换、支付结算、流通传递、监管检阅等问题。区块链敲开了金融的大门，同时带来了“区块链+金融支付”“区块链+审计”“区块链+保险”“区块链+证券”等领域的创新。

（1）区块链中的点对点、端到端、P2P 传输模式等技术可以降低物物相连的超高运营成本，为未来的万物互联提供技术基础，带来“区块链＋物联网”的新商业模式。

（2）区块链中的共识机制有效地防止了节点篡改，确保了数据正确，通过验证数据出处和精确性，增强了数据的可信度，而“区块链+大数据”建立了未来信用。

（3）区块链中的加密算法、数据可溯源、智能合约等技术推动了人工智能的革命性发展，“区块链+AI”正在广泛应用。

（4）区块链中的数据高度透明化、时间戳记录、非对称加密和授权等技术解决了公证方面的难题，“区块链+公证”可以应用在身份信息认证、证书区块链公证、房屋产权公证、知识产权公证等场景中。

（5）区块链中的分布式数据库共享和信息溯源等技术也为医疗领域带来了新的机遇，“区块链+医疗”可实现健康数据交换共享、药品溯源、建立区块链电子病历，促进精准医疗发展。

……

总之，比特币虽然是区块链技术的首个且最知名的应用，但随着区块链技术在不同行业、不同场景中的应用，各行各业都结合区块链技术调整了研发方向，推动了项目的进程，各大公司也快速展开了在区块链方向的研发。目前，区块链凭借技术优势和广泛的应用前景已经为金融、商业、医疗乃至整个世界带来了创新变化，相信未来会在各个领域有更大的作为。

1.1.3　区块链的变革发展史

比特币是第一个采用区块链技术打造出的 P2P 电子现金系统应用。不过，比特币区块链并非一项全新的技术，而是将一项过去数十年所累积的跨领域技术基础结合的成果。起初，比特币区块链完美地解决了 1982 年 Leslie Lamport 等人提出的拜占庭将军问题（Byzantine Generals Problem）。

所谓拜占庭将军问题，就是在军团中存在叛徒的情况下，或者没有可靠的传达情报的途径时，怎样才能将正确的情报传达给对方的问题。其核心在于所有忠诚的将军都能够让别的将军接收到自己的真实意图，并最终采取一致的行动。因此，这个问题其实是一个关于一致性和正确性算法的问题，这个算法针对的是忠诚的将军，因为叛徒可以做出任何超出约定的判断。

在有叛徒干扰的情况下，找到一个抗干扰的算法。通过抗干扰算法可以把军团中各地军队彼此取得共识、决定是否出兵的过程转变成数学运算过程，通过算法建立一套具容错性的分散式系统，即使部分节点失效，仍然可以确保系统的正常运行，也可以让多个基于零信任基础的节点达成共识，并确保信息传递的一致性和正确性。

比特币就是这个原理，只有通过算法运算并最先找到正解的计算机，才能将结果发送给网络，这样就解决了关于维持 Block Chain 的拜占庭将军问题。通过这种方式，多个主体（将军）之间可以建立共识，比特币第一次让共识机制成为现实，为构建信任网络建立基础。正因为如此，比特币才是一项具有创新意义的革命性技术，即使没有可信任的第三方或者中心管理者，它也能正常、正确地运转。

同年，David Chaum 提出了注重隐私安全的密码学网络支付系统。这个系统具有不可追踪的特性，也成为比特币区块链在隐私安全方面的雏形。

到 1985 年，Neal Koblitz 和 Victor Miller 各自独立提出了著名的椭圆曲线加密算法（Elliptic Curve Cryptography，ECC），首次将椭圆曲线

用于密码学，建立了公开密钥加密的演算法。相较于计算量过大且很难实用的 RSA 算法，ECC 的优势在于可用较短的密钥，达到相同的安全强度，使得非对称加密体系产生了实用的可能。

1991 年，Stuart Haber 与 W. Scott Stornetta 提出了用时间戳确保数位文件安全的协议，此概念成为比特币区块链中时间戳交易记录的雏形。

1997 年，Adam Back 发明了 Hashcash（哈希现金），这是一种工作量证明演算法（Proof of Work，PoW），此演算法依赖成本函数的不可逆性，达到容易被验证，但很难被破解的特性。Hashcash 最早被应用于阻挡垃圾邮件，之后便成为比特币区块链采用 PoW 机制的关键技术之一（Adam Back 于 2002 年正式发表 Hashcash 论文）。

1998 年，Wei Dai 发表了匿名的分散式电子现金系统 B-money，引入工作量证明机制，强调点对点交易和不可更改的特性。Wei Dai 的 B-money 被称为比特币的精神先驱。同年，Nick Szabo 提出密码学货币的概念，发表数位货币系统 Bit Gold，参与者可贡献运算能力来解出加密谜题，Bit Gold 特性和中本聪比特币特性非常接近。

2001 年，NSA 发布了 SHA-2 系列算法，其中就包括目前应用最广的 SHA-256 算法，这也是比特币最终采用的哈希算法。至此，比特币中的区块链技术诞生的所有技术基础在理论上和实践上都被解决了，比特币呼之欲出。

2008 年，区块链 1.0 诞生，中本聪发表一篇关于比特币的论文，描述一个点对点电子现金系统，能在不具信任的基础之上，建立一套不依赖第三方，完全实现点对点交易的交易体系。比特币区块链实现了每个社区个体在没有任何资产担保、内在价值或者中心发行者的情况下维持、传递价值，并建立对基于工作量证明的交易顺序达成共识的分布式账本。

2012 年，区块链 2.0 出现智能资产、智能合约，开始应用在货币以外的数字资产转移领域。例如，使用链上数字资产来代表定制货币和金融工具（彩色币）、某种基础物理设备的所有权（智能资产），以及去中心化交易所、金融衍生品、链上身份和信誉系统等应用。

2013 年 11 月，Vitalik Buterin 发起 Ethereum 项目，并在 12 月发布了以太坊白皮书的首个版本。以太坊提供一个带有内置的成熟的图灵完备语言的区块链，使得任何人都能够创建智能合约和点对点应用，并在其中设立他们自由定义的所有权规则、交易方式等。以太坊为区块链应用提供了基础设施。从此，区块链 3.0 进入了可编程智能合约区块链时代。智能合约是根据事先任意制定的规则来自动转移数字资产的系统，拥有了比比特币区块链更有优势的图灵完备性、价值知晓（Value-Awareness）、区块链知晓（Block Chain-Awareness）等特点，让未来机器之间通过智能合约自动化执行变成现实。从此之后，区块链开始进入更高级的应用领域。

2017 年 6 月，EOS（Enterprise Operation System）由 Block.one 公司（CTO 为 Dan Lorimer）主导开发，它是一种新的区块链智能合约平台。EOS 采用股份授权证明（Delegated Proof of Stake，DPoS）共识机制，通过社区内全民投票，选出记账人，这些记账人对每个区块的交易进行签名验证。在 EOS 网络中，每个 EOS 链的“人民”都可以自由地通过“选举大会”选举一名授权代表。这种全新的共识机制一度引发了全民参与投票的热潮，EOS 主网上线前夕，其关注度在国内已经超过了以太坊。微信指数 2018 年 5 月 24 日 EOS、比特币、以太坊热度对比图如图 1-4 所示。

图 1-4　微信指数 2018 年 5 月 24 日 EOS、比特币、以太坊热度对比图

2017年至今，区块链3.0技术进入高速增长的时代。结合全球范围内的分布式计算机，人们在网络上构建点对点的自由契约更简单、成本更低，区块链应用广泛用于金融、政府、商业、医疗、知识产权、科学、文化与艺术等领域，一种新型的全自动智慧型契约社会逐渐形成。

1.2 区块链发展：各国的态度

从经济社会来看，区块链经济已经进入发展的初期。许多基于区块链的解决方案，解决了传统产业的痛点或问题，完善了现有的商业规则，构建了新的商业协作模式，提高了经济运行的效率。无论是联合国、国际基金组织及区域联盟，还是各国政府研究机构、央行等，都对区块链进行战略布局，并积极部署应用。本节对中国、英国、美国、加拿大等国家对于区块链的发展的态度进行介绍。

1.2.1 中国：支持与监管并举

近年来，中国的互联网经济、互联网金融已经取得了长足的发展和进步，这些都为区块链技术的发展建立了良好的基础。中国对区块链的发展采取支持和监管并举的措施。

一方面，中国为新金融业态提供更多可能性，让区块链技术创新和各行各业融合共生。例如，中国中央银行主导部分重大研发，如法定数字货币的研发、数字票据的研发等；工信部发布了区块链分布式账本的技术参考架构；涉及大数据、人工智能、云计算、区块链等新技术业态等，国家让一些金融机构和科技创新企业成为研发主体；中国市场出现了中国分布式总账基础协议联盟、金融区块链合作联盟、前海国际区块链联盟等区块链联盟组织。

另一方面，中国重视对高风险的金融行业进行合理引导与风险管控，包括对区块链金融、数字金融、智慧金融、大数据金融等进行严格监管。例如，2017 年 9 月，中国人民银行等七部委联合发布了《关于防范代币发行融资风险的公告》，该公告规定，在中国交易平台不得从事法定货币与“虚拟货币”之间的兑换业务。

1.2.2　欧洲：区块链技术研究领先

欧洲在许多方面引领了区块链的发展，其开源文化促进了区块链技术的动态发展，无论是个人还是企业，都积极参与了区块链项目。欧洲区块链初创公司的主要业务集中在伦敦、阿姆斯特丹、巴塞罗那、柏林和瑞士。

例如，英国央行正在研究中央银行数字货币（CBDC）政策和技术问题；英国区块链报告概述了区块链的潜力、区块链如何改变公共服务和提高政府效率。总部位于伦敦的金融科技公司 GovCoin Systems Limited

进行区块链试验，以支持政府精简福利分配的目标。

爱沙尼亚的 Guardtime 不仅与政府合作，将区块链用于健康记录，而且还与北约等国际组织合作。此外，美国的纳斯达克指数已经在爱沙尼亚开发申请。

马恩岛政府已经开始使用区块链注册表来记录哪些公司在使用分布式在线分类账系统；飞利浦早在 2016 年就使用区块链进行健康医疗；荷兰中央银行也以 DNBcoin 进行了比特币克隆实验，并且正在进行更多的测试。

丹麦中央银行计划发行基于区块链的电子克朗作为储备货币，法国中央银行也在进行相关尝试；瑞典将区块链技术用于土地所有权。

欧盟委员会于 2018 年 2 月 1 日宣布启动一项旨在促进欧洲区块链技术发展并帮助欧洲从中获益的新机制。这个名为“欧盟区块链观测站及论坛”的机制具有收集与区块链有关的信息，监测和分析相关趋势，探索区块链技术的社会经济潜力并应对相关挑战等功能。自 2013 年以来，欧委会一直为区块链项目提供资金，预计到 2020 年，用于资助利用区块链技术项目的金额将高达 3.4 亿欧元。

1.2.3 美国、加拿大：对整个区块链生态圈影响大

美国和加拿大对整个区块链生态圈影响较大，有关研究机构提供的数据显示，全球区块链公司获投融资总额近 20 亿美元，美国占比超 60%。

全球比特币和区块链获投创业公司披露融资总额已达到 19.47 亿美元，美国比特币和区块链获投创业公司披露融资总额达到 12.52 亿美元，占比达到全球份额的 64.30%。中国已披露的融资总额为 1.14 亿美元，占比为 5.86%（博链数据库）。

美国的区块链公司在 Outlier Ventures 的追踪器上显示，有 1/4 之多。纽约是美国区块链技术公司的中心，主要原因在于纽约是美国乃至世界金融业发展的重心，纽约金融业也正在努力解决如何应对分布式分类记账技术所面临的问题。纽约同时也是非金融领域的几个大公司所在之地，如 ConsenSys 就发展以太坊（Ethereum）技术，将区块链应用到了金融领域之外。2015 年美国证券交易所纳斯达克启动了一项关于区块链技术的实验，旨在为金融机构业务探究高效解决方案，这是首家大型金融机构主动接受并研究区块链技术。2015 年 1 月 26 日，纽交所入股的 Coinbase，获批成立比特币交易所，美国以纽约州为代表的比特币监管立法进程初步完成。

加拿大有一个活跃的区块链创业社区，主要是因为以太坊就来自多伦多比特币社区，而且这里集中了以太坊主要提出者 Vitalik Buterin 为主的一批人才。此外，著名的区块链技术专家 William Mougayar 和 Don Tapscott 也来自加拿大。

与美国证券交易委员会不同，加拿大证券管理局（CSA）推出了一个新的金融科技计划“Sandbox（沙盒）”，主要针对区块链初创公司和其他金融科技公司。2013 年 12 月，世界上首个比特币 ATM 机在温哥华投入使用，加拿大国会修订法案以规范比特币业务。2016 年 6 月，加拿大央行展示了利用区块链技术开发的 CAD-Coin——电子版加元。

第2章

区块链是怎么运行的

区块链发展到今天，已经涌现出很多成为经典的区块链项目，我们将在本章梳理这些区块链项目的技术特点，同时对区块链进行访问权限的分类，并通过比特币区块链运作的方式展现区块链巧妙运作的来龙去脉。当然，我们也客观认识到区块链技术发展还没有达到相对成熟的阶段，在完备性、易用性等方面还存在不足。以上内容将在本章一一介绍。

2.1 区块链技术有哪些特点

区块链技术不是一个单项的技术，而是一个集成多方面研究成果的综合性技术系统。从技术构成的角度实事求是地分析区块链，并揭示其本质特点，有助于我们理解区块链的内在逻辑。因此，我们将在本节梳理区块链技术的特点：点对点在线互联、去信任中介化、集体维护和可靠数据库。

2.1.1 实现点对点在线互联的创新

区块链是基于加密算法的点对点的网络。这个网络是一个基于加密认证的点对点互联的开源系统，它不需要特定的中央服务器，每个节点基于共识机制共同实现网络系统的维护，并保证信息传递的真实性。从本质上说，区块链技术实现了点对点在线互联的创新。

1. 区块链技术把传统线下仅限于熟人之间的点对点交易扩展到全世界范围的点对点在线交易

在传统交易模式中，只有熟人之间在线下近距离才能进行点对点的交易。一旦交易的双方是陌生人，或者交易双方无法见面，传统交易模式就无法处理，只能通过互联网等手段完成交易。因为传统交易模式对于交易过程中可能出现的虚假、欺诈等现象的防范依赖于熟人之间的信任，而没有从交易机制上进行根本性的防范。

随着交易范围扩展到周边城市，扩展到全国甚至全世界，交易过程中的欺诈问题需要解决，否则交易就无法开展。区块链技术提供了一种交易共识机制和分布式手段来担保和核实交易，存储交易数据，让交易数据完全公开透明，这样就解决了任意陌生人之间的可信交易的问题，实现全世界范围的点对点在线交易。

2. 区块链技术让传统在线交易模式不再依赖于可信任第三方中介机构或中心机构

在传统的在线交易流程中，交易依赖一个第三方中介机构或者中心机构维护和控制，任何节点想要参与交易，必须通过这个第三方中介机构或中心机构来达成交易。虽然这种传统交易模式解决了一些交易问题，但是它没有从根本上解决交易中介纠纷，仍然依赖以信任为基础构建的传统交易模式，大大增加了维护安全交易的成本，也限制了微小型商业交易的范围。同时，交易信息的隐私和安全也存在一定的风险。

区块链技术采用了基于国际互联网（Internet）的 P2P（Peer-to-Peer）网络架构。P2P 是指位于同一网络中的每台计算机都彼此对等，各个节点共同提供网络服务，不存在任何“特殊”节点。这样，在区块链的交易流程中，分布式账本的节点 A 直接将交易发给节点 B，所有节点一起确认并且验证交易的真实性。

通过上述方式，我们可以在确保安全的前提下点对点地完成交易，我们的信息也不需要保存在中介或中心机构那里了，我们的隐私、安全也都有了保证，并且能够进行精准的点对点的互联互通、业务合作、在线交易和分布式管理等。

2.1.2 去“信任中介化”的交易

区块链定义了一个允许任意两个个体在互联网上的“点对点”秩序中与彼此直接交易的协议。个体之间的交易过程不再依赖于任何第三方中介或中心机构的信任机制，而是依据分布式计算机对交易时间顺序进行加密算法证明的共识机制。

区块链系统中的任意节点之间的连接或数据交换都不需要以信任为前提，这种连接数据交换受到全网监督，即每个节点都是区块链系统的监督者。这样，权力和信任在网络中是分布式的（或者说是被共享的），而不是集中在单个个体或第三方信任中介机构上的。区块链通过数学程序的表达，即智能合约的构成来建立一种新的信任机制或信任平台，这个平台建立在分散化信任的基础之上——“我们是在信任社区中的每一个人”。

区块链的这个技术特点帮助人们建立新一代的信任互联网。例如，在金融领域的跨境支付中（详见 4.1 节），它能够以弱化中介机构功能的方式来提高资金的流动性，减少交易环节中产生的交易成本，实现跨境银行之间的点对点支付，并保证交易双方的资产安全，让交易变得更透明和更安全。在保险领域（详见 4.3 节），它可以避免对第三方信任中介的依赖，用最低的成本解决最头疼的信任、信誉问题。

通过将传统的保险公司放在区块链上，让保险理赔记录透明化，分布式数据库为各个保险业务公司之间提供信任机制，这样既保证了保险企业的良好发展，也保护了客户的利益。

2.1.3 集体维护系统

区块链系统中的数据区块是由整个系统中所有具有维护功能的节点来共同维护的，而具有维护功能的节点是任何人都可以参与的：在区块链的交易流程中，分布式账本的节点 A 直接将交易发给节点 B，所有节点一起确认并且验证交易的真实性。

更新了公共总账以后，所有人再同步一下最新的总账。在这里，维护者的身份下放至每一个参与者手中。分布式账本无须对账，大家只需要维护一条总账即可，这里的总账指的是集体共同维护、每个人都可以看到的公共账本。

2.1.4 可靠数据库的副本

区块链系统将通过分布式数据库的形式，让每个参与节点都能获得一份完整数据库的副本。在传统模式中，每笔电子交易都由银行机构进行记录，一旦银行网络崩溃，所有交易数据都会遗失；而区块链的所有交易记录都保存在全球无数台计算机中，只要全球有一台装有区块链程序（如比特币）的计算机还能工作，这个完整的数据库就可以被读取。

如此高度分散化的交易信息存储，使得区块链数据完全遗失的可能性变得微乎其微。而且在每添加一个新的节点后，系统都会向全网广播，保证每台参与交易的计算机上都能接收到一份可靠数据库的副本。

在数据安全风险方面，除非能够同时控制整个系统中超过 51%的节点，否则，在单个节点上对数据库的修改是无效的，也无法影响其他节点上的数据内容。因此，系统中参与的节点越多、计算能力越强，该系统中的数据安全性也就越高。

2.2 区块链的访问管理权限

随着区块链的发展，其针对各个特殊场景会有特殊的开放范围，例如，对所有的节点都开放的区块链为公有链；有时该区块链仅适合在某个特殊组织机构下共享，这就是私有链；随着区块链项目的增多，区块链和区块链之间也会进行资产转移，产生一种新的区块链，即侧链。

2.2.1 公有链：开放的区块链

公有链（Public Block Chain）是对所有节点都开放的区块链。在公有链中，整个系统的运作规则公开透明，这个系统数据库是开源（Open Source）的，节点之间可以相互发送有效数据，参与共识过程且不受开发者的影响。也就是说，任何人都可以发起一笔交易，任何人也都可以参与验证交易，任何人也都可以有访问权限，读取区块链上的所有信息。

例如，比特币的区块链作为一种公开账本，具有人人皆可参与的特性，而且由于比特币区块链形成最早，同时比特币持有人、验证节点、矿工广泛分布于全球，因此，在越来越多的全网算力支持下，比特币区块链成为所有公有链中最为强健、最为安全的代表。

在之后的区块链 2.0 以太坊创始人 Vitalik Buterin 的定义中，公有链的特性被定义为任何人都可参与到共识机制中的区块链组织架构，即任何人都可以参与到决定一个新的区块是否被加入链上，不论是以工作量证明（Proof of Work）的方式，还是以权益证明（Proof of Stake）的方式参与其中。

2.2.2　私有链：参与者需要被提前筛选

私有链（Private Block Chain）是指权限仅在一个组织机构的管理下的区块链。读取权限可以完全对外公开或者在某种程度上被限制，组织机构有权控制此区块链的参与者。私有链也被分为了两种细分类型，分别为财团链或者半管制私有链，以及纯私有链或全管制私有链。财团链指的是共识机制的参与需经历提前的筛选，并非所有人都可对链上的区块进行验证。

例如，一个由 20 个金融机构组成的财团，设置了规则，要求超过 11 个以上的金融机构签署过的区块才能够被认证上链，对已上链的区块的验证可以是公开的，也可以是对参与者进行限制性开放的，但除金融机构组成的财团内部的节点以外，其他节点是不能参与共识机制的认证的。

纯私有链则是整个区块链的共识机制、验证、读取等行为均被严格限制在一个范围内，其作用与企业数据库管理、内部审计等相似，仅对特定主体内部开通访问权限，并不以任何形式对外公开。

2.2.3 侧链：确认来自其他区块链的数据

侧链是一种特殊的区块链，该名词是相对于比特币主区块链来说的。侧链是指遵守侧链协议的所有区块链。侧链协议是指可以让比特币安全地从比特币主链转移到其他区块链，又可以从其他区块链安全地返回比特币主链的一种协议。

例如，通过实现与其他区块链之间的资产转移，使得用户能用已有的资产来使用新的加密货币系统。侧链就像一条条数据通路，将不同的区块链连接在一起，确认来自其他区块链的数据，以实现区块链的扩展。

侧链使区块链支持包括股票、债券、金融衍生品等在内的多种资产类型，以及小微支付、智能合约、安全处理机制、真实世界财产注册等。比较著名的比特币侧链有 ConsenSys 的 BTC Relay、Rootstock 和 BlockStream 推出的元素链，非比特币的侧链有 Lisk 等。

2.3 比特币区块链的运作方式

比特币区块链是第一个成功的区块链项目，其运作方式与传统的支付系统完全不同。本章将通过介绍比特币网络和区块链的交易流程及运作方式，展示交易在比特币分布式共识机制中“被信任”和“被接受”的过程，以及如何成功地被存储在区块链中。

2.3.1 区块链如何运作

比特币区块链的运作并不复杂，共涉及 3 个概念：首先是交易，每一次对账本的操作都会导致账本状态的改变；其次是区块，每记录一段时间内发生的所有交易和状态结果，都是对当前账本状态的一次共识；最后是链，区块是按照发生时间顺序串联起来的，是整个账本状态变化的精确日志记录。

在运行中，先假设存在一个分布式记账的账本，在这个账本中只允许添加，不允许删改，账本的基本结构是一个线性的链表，链表由一个个“区块”串联而成，后继区块记录前导区块的哈希值，当加入新数据时，必须放到一个新的区块内，而这个块中的交易是否合法，要通过计算哈希值的方式快速检验出来，任何一个节点都可以提议建立新的区块，但是必须通过一定的共识机制来对最终选择的区块达成一致。

举个简单的例子来解释一下区块链的运行机制，这个过程主要分三步：

第一步是账本公开，我们把区块链假设成一个封闭的区域，这个区域中的每户人家都是区块链上的一个节点，每个节点都拥有记载着这个区域每一笔交易的账本，而且这个账本是公开的。只要这个账本的初始状态是确定的，并且每一笔交易的记录都是可靠而有序的，当前每个人持有的钱都是可以推算出来的。

但是，参与的用户必然不想让区域内所有人知道自己到底有多少钱。因此，在区块链中交易是公开的，但是参与的每个节点都是匿名的。节点之间不使用真实身份进行交易，而使用自己的唯一 ID。当两个节点发生交易之后，交易的报文中会显示此 ID 的数字签名，以确保交易是在双方之间展开的。

第二步是身份签名。假设在这个区域中老李和老王是区块链中的两个节点，老李的 ID 名为 BLOCK，老王的 ID 名为 CHAIN。如果老李要向老王支付 1 比特币，那么老李首先要询问老王的 ID，这时区块链中就会产生一个交易：BLOCK 要向 CHAIN 支付 1 比特币，于是老李要写一张交易单给老王。

在区块链中，为了追溯资金的来源，在这个交易单上除了记载付款和收款信息，还要写上比特币的来源信息，如这个比特币来源于账本第一页。交易单写完后，老李还要加上自己的签名，即私钥加密，以便老王验证比特币的来源。老王收到签名后，会有老李的 ID 对其进行签名验证，以证明交易单是老李发的，如图 2-1 所示。

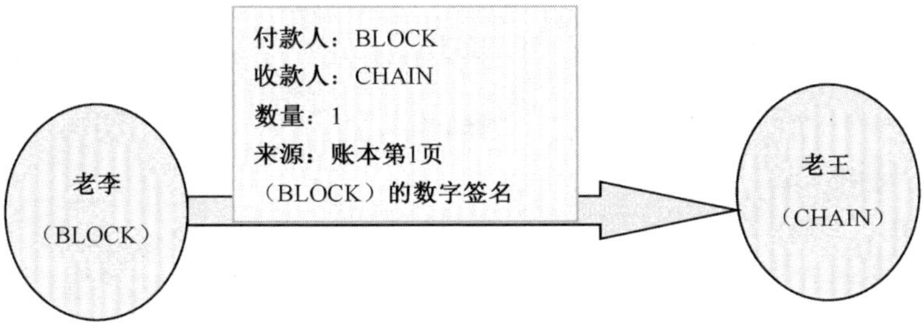

图 2-1　老李老王的交易过程

第三步是矿工挖矿。在一个传统中心化的系统中，老李是否有足够的钱支付给老王，这个过程要通过第三方中介机构（如银行）来确定。而在区块链系统中，做这个工作的是矿工组织。

当老李给老王发送交易单时，他们两个的交易信息会广播给矿工组织，而矿工组织的每个矿工小组收到交易信息后，就负责把交易补充到账本中去。

矿工小组的具体工作就是生成账单，如图 2-2 所示。当矿工小组收到老李和老王的交易信息时，在交易清单上记录上这个交易，接着矿工小组的成员找到当前账本的最后一页，将编号抄写在“上一账单编号”一栏中。随后矿工小组的成员会把交易清单、上一账单编号及随机数通过哈希运算，生成一个本账单编号。由于交易清单和上一交易编号是不能改变的，因此，矿工小组成员必须不断变化随机数值来生成符合规定的账单编号。

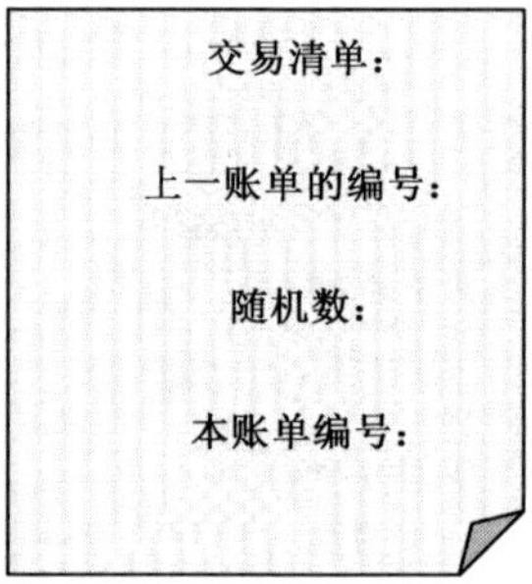

图 2-2　矿工小组生成账单

此外，区块链会自动调整账单编号规则，使其在 10 分钟之内生成。

矿工小组得到一张账本纸（区块）以后，必须马上向其他小组确认自己的工作成果才能得到奖励。

其他小组在接到账本纸后，必须立刻停下挖矿工作，对账本进行确认。首先将送来的账本纸放入编码生成器中，来确认账本编号是否有效。然后将账本纸上的“上一页账单编号”和这个小组目前保存的有效账本最后一页进行编号比对，如果相同，则确认；如果不同，则需要顺着已有账本向前比对，直到找到这个编号的账本纸；如果没有找到，则这个小组会将此页丢掉，不予确认。最后还要确认当前每笔交易的付款人有足够的余额支付这笔钱，来保证交易清单的有效性。当完成了所有验证并通过后，这个小组就认可了其他小组发来的账本纸有效。

其他小组确认该区块有效以后，这个区块就会进入主账本，后面的挖矿工作就会再基于这个更新之后的账本进行。

对于这个矿工小组来说，如果后面收到其他小组送来的账本纸中的“上一账单编号”是自己以前送去的账单，那么就表示已经有小组是基于他们交完账单以后新生成的主账本工作了，这就表示他们的工作被其他小组认可，而老李和老王看到大多数小组认可，就认为这个交易已经成功。

总结一下，在区块链中比特币的交易过程如下：

A 利用自己的私钥对比特币的来源和下一位所有者 B 签署一个数字签名，并将签名附在交易单后面。

这个交易单通过 P2P 网络传播到了全网，B 和矿工组织都会收到这张交易单；矿工组织通过哈希运算，解出对应的随机数，生成符合条件的哈希值，然后去争取创建新区块并获得比特币奖励。

矿工节点找到解时，会向全网通告该区块记录的盖有时间戳的交易，并由其他节点核对。

当其他节点核对区块确认无误后，他们就会将该区块认定为合法，然后去争取下一个区块，这样就形成了一个合法记账的区块链。

2.3.2 双重支付如何解决

双重支付是什么呢？它是同一笔钱（数字货币）被重复支付两次。仍以上文区块链为例，除了老李和老王是区块链中的两个节点，又增加了老张节点。如果老李写一个单子并加上自己的签名，付给老王之后，他又复制了这个单子和自己的签名给了另外一个人老张。老王和老张确认了老李的签名正确后都认为自己收到了这笔钱，这个过程就产生了双重支付的问题。

双重支付问题在物理货币世界并不现实，因为黄金、白银无法复制。如果是纸币的话，签上名交付对方之后，就无法再次使用了（无法同时再将此票据给他人）。在传统电子货币世界中，通过每次将使用过的电子货币返回货币发行机关，发行机关对返回的电子货币进行确认，再发行同等金额的新电子货币来避免双重支付。这就造成了整个金融体系完全依赖发行机关来运行，而且每一次交易都必须经过发行机关。这意味着所有节点的所有交易都必须经过一个中心网络来监控并强制阻止双重支付。但是这样既不能彻底解决双重支付问题（避免复制数字货币的行为），也避免不了交易中介纠纷和交易成本增加等问题。

那么，比特币是如何解决双重支付问题的呢？

我们知道比特币付款人（如老李）会对前一次的交易和下一位拥有者（老王或者老张）的公钥签署一个数字签名，将这个签名附加在比特币的末尾发送给下一位所有者（老王或者老张）。由于没有第三方机构去进行监控，所以，需要一个机制去确保比特币之前的所有者没有对更早发生的交易实施签名。

这个机制就是历史交易经过全网公认、面向全网公开的共识机制，它包括的内容如下：

（1）所有节点的历史交易全网公开，每个账号中有多少比特币，并不是由一个数据来表示的，而是根据历史交易得出来的。这个历史交易链是经过全网公认的唯一的合法交易，这样收款人因为拥有全网公认的作为第一位收到该比特币的交易历史证据，从而避免了双重支付的风险，付款人也因为全网公开交易的历史记录而避免双重支付的行为。

（2）每笔交易都有时间戳（Timestamp），所有交易具有时间先后顺序，每一笔交易数据在一个精确特定的时间点发生。当前面一笔交易成功在整个交易链被公认后，下一笔交易就基于上一笔交易生成，整个交易就是一个具有精确时间顺序信息的交易链。

（3）每笔交易都需要投入计算资源来确认，比特币采用工作量证明（Proof of Work）机制，由矿工投入计算力打包交易，如果有人想篡改某个区块上的交易，需重新计算历史的全部区块，这样的算力在数学上是不可能的。因此，这个大多数节点公认的交易记录链无法被篡改。

整个比特币系统中的每一个节点都会获知每一笔交易的发生，并形成具有精确时间顺序信息的历史交易链，全网公认这笔交易是首次出现时，这笔交易才能发生。矿工通过贡献算力把每笔交易加入不可篡改的公共账本中，并获得挖矿奖励。比特币就是通过这种巧妙的方式，解决了双重支付问题和拜占庭将军问题。

2.4 区块链技术的掣肘

目前，区块链的巨大应用价值已经显示出来，不过区块链技术发展得还不够成熟，区块链的容量和速度存在限制，在完备性、易用性方面也都也存在明显不足，本节将对此进行介绍。

2.4.1 容量和速度的限制

区块链技术的点对点互联、分散化信任、分布式记账等优势特征，展现出强大的魅力。不过，新兴的区块链技术也并非十全十美，响应速度和存储容量是现阶段制约其深化发展的最大障碍。无法快速处理大量的交易信息，是区块链技术自诞生以来始终未能突破的瓶颈。

以比特币区块链为例，它为区块设置了 1MB 的容量限制，使每一个区块只能容纳 4096 个交易，其交易的清算和结算通常需要 10 分钟左右，如此漫长的等待，难免令众多用户无法接受。例如，将区块链技术应用在更大规模的物联网中，过高的时间成本必然会降低用户体验的满意度。

2.4.2 区块链挑战之存储容量

区块链技术的另一个挑战是其数据存储容量。如果将所有数据都存储到链上，那么随着区块节点的不断增加，数据存储量将极其庞大，导致响应速度进一步降低。

针对这个问题，目前普遍采用的解决办法是通过存储相应的哈希值（一种字符串变换运算，常用于加密和数字签名）来降低存储容量。但即便如此，区块链的数据存储量依然会随着节点增加而急剧膨胀。

2.4.3 挖矿导致的巨大资源浪费

加密数字货币信息网站 Digiconomist 的数据显示，比特币、以太坊挖矿消耗的电量，已经超过约旦、冰岛、利比亚等国家，在全球所有国家和地区中排名第 71 位。

其中，比特币矿机为第一“电老虎”，消耗的电能约为 14.54 万兆瓦，以太坊为 4.69 万兆瓦。完成一次交易，比特币需消耗约 163 千万瓦时，以太坊约为 49 千万瓦时。而且挖矿工作只为搜索到随机数以获得有效哈希值，并不产生其他价值，其算力资源和消耗的电力成本导致目前的资源浪费。

2.4.4 脚本语言非图灵完备

脚本的机制对于区块链来说非常重要，它类似于区块链技术提供的一个扩展接口，任何人都可以基于这个接口去开发基于区块链技术的应用，如智能合约的功能。脚本机制也让区块链技术作为一项底层协议成为可能。

未来，很多基于区块链的颠覆性应用，都有可能是通过区块链的脚本语言来完成的。图灵完备是指一个能计算出每个图灵可计算函数（Turing Computable Function）的计算系统，它使我们的脚本系统有能力解决所有的可计算问题。比特币脚本语言非图灵完备，最主要的缺失是循环语句不能支持所有的计算。比特币脚本语言非图灵完备虽然可以避免交易确认时出现无限循环，但是也在未来的区块链扩展方面导致脚本空间利用上的低效率和扩展应用的局限性。

不过，之后的区块链 2.0 以太坊实现了一个支持图灵完备脚本语言的区块链平台——以太坊内置有图灵完备编程语言的区块链——“使得任何人都能够创建合约和去中心化应用，并在其中设立他们自由定义的所有权规则、交易方式和状态转换函数。”

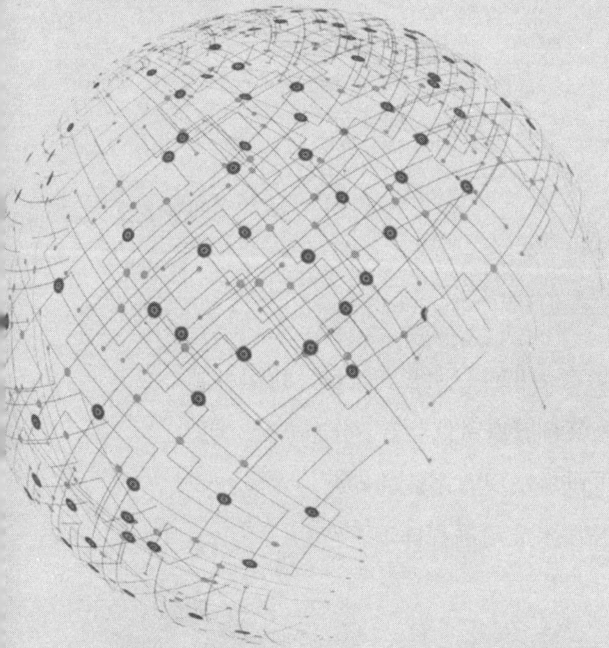

第 3 章

区块链的核心技术应用

区块链的核心技术包括分布式账本、非对称加密和授权、共识机制及智能合约等，这些技术决定了区块链有着点对点互联、分布式、透明、可追踪、不可篡改、安全等特点，可以解决现有产业的问题，实现商业模式的创新。本章将对区块链的核心技术应用进行详细介绍。

3.1 分布式账本：透明而真实的账本

区块链是一种分布式账本，分布式账本是一种在网络成员之间共享、复制和同步的数据库，它记录着网上的各种交易数据，如资产或数据的交换。而且分布式账本通过时间戳和密码签名来记录数据，记录完成后，账本就可以审计记录的历史数据了。

分布式账本到底有哪些特点和优势呢？下面将对此进行具体介绍。

3.1.1 数据高度透明化

区块链是一个真实可信、安全透明、人人可共享的分布式分类总账。

（1）分布式账本是真实可信的：每一笔交易都经过大范围的点对点网络资源校验和批准，交易总账由分布在全球不同地方的多个节点共同记录，全网节点都可以参与监督交易合法性，同时也可以共同为其作证。

分布式账本完全不同于传统系统的中心化保管记录方案，它没有任何一个节点可以单独记录账目，从而避免了单一记账人被控制或者被贿赂而记假账的可能性。

（2）分布式账本是安全透明的：加盖了永久性时间戳的历史交易的来龙去脉被记录得清清楚楚，整个网络上的数据面向全网节点公开透明，同时在所有节点上分布式存储全部区块的方式，实现了数据的安全透明及不可篡改。

（3）分布式账本是人人可共享的：分布式集体运作、分布式存储的机制使任何人在任何时候都能在线查询区块链上的信息，任何人在任何时候也都可以下载这个总账，并在自己的计算机上运行。

正是由于分布式账本的这些特点，才使得区块链技术有一种源源不断的生命力去满足新的社会需求，广泛创造出顺应新需求的智能应用。

在数据安全方面，可以通过区块链验证数据的出处，保证数据的正确性，解决数据的安全风险问题；区块链公证凭借公开公示的特性得到广泛应用，如为文件打上公证系统时间戳，这样公证信息就无法被篡改，而且可以公开查询；将区块链用于公益慈善，通过筹集善款的透明化、人人可查阅的总账，可以避免腐败问题，从而达到提升公众信任度的作用。例如，腾讯的公益寻人链、支付宝的爱心捐款平台等案例。通过区块链技术让公益慈善行为受到公众的全程监督，所有过程都一目了然，极大地提升了公益慈善的透明度和信任度。

3.1.2 信息的可回溯性

在区块链的运行机制中，每一笔交易都会形成一个新的区块，而且所有的交易都会被全网记录下来，网络中的节点会完整保存区块链从创世区块起的一个本地副本，随着交易的不断进行，也会不断产生新的区块，该区块链的本地副本会不断被更新，整个链条也逐步被扩展。

另外，当网络中的一个节点接收传入的新区块时，它不是随意接收的，而是需要验证这些区块，只有在验证通过的情况下，才能把新区块链接到现有的区块链上。这样随着节点交易的增加，新区块链逐渐在旧的交易记录上扩展，所有的交易记录按照时间顺序（通过时间戳信息）彼此链接，因而信息是可被追溯的，而且过去的区块几乎不可能被修改，并能被实时追溯查阅。

而且区块链的信息具有可回溯性，这样它不仅能在时间维度上保证信息的连续性，而且还能在空间纬度上保证信息的开放性。区块链“信息的可回溯性”的这种独特优势将会影响和改变众多领域的传统模式。

例如，区块链技术本身就适合解决商品溯源与流通上的难题，可以将商品数据记入区块链，而且商品供应链流通环节是透明的，每个消费者都能看到这方面的信息，且信息不会被人为篡改，这给消费者带来了更多的数据信任背书。

如果通过区块链技术记录医院医疗记录、药品溯源及电子病历等，就可以规避由于被不对称信息和不实广告所蒙蔽而导致的“魏则西事件”重演。

在互联网金融方面，区块链可以解决传统记录主体行为或用户权益的电子数据很难追溯的问题，如将用户的投资项目、投资时间、投资金额、投资的收益回报等通过区块链记录，就可以永久保留，不被篡改；当用户的权益受损时，这些区块链数据将成为用户证明自己权利的核心资料。

例如，在鱼龙混杂的 P2P 网贷行业中，如果能够利用区块链永久存储及无法篡改数据的技术，通过信息的可回溯性可以让一些非法 P2P 平台在众人的监督下无法再做出违法勾当，从而在一定程度上规范 P2P 行业。

3.2 非对称加密和授权：保护安全和隐私

非对称加密和授权技术是区块链的核心技术之一，存储在区块链上的交易信息是公开透明的，但是用户的身份信息是被高度加密的，用户掌握唯一的私钥，只有经过用户授权才能访问，从而保证了数据的安全和个人的隐私。

3.2.1 用户掌握唯一的私钥

关于非对称加密和授权技术，如何理解用户掌握唯一的私钥呢？以比特币为例：比特币的所有权是通过数字密钥、比特币地址和数字签名来确立的，用户通过持有数字密钥而拥有其账户的比特币的控制权。在进行比特币交易时，需要用户提供一个有效的数字签名，该交易才会被存储在区块链上，而这个有效的数字签名必须由用户提供有效的数字密钥才能产生，因此，拥有比特币的密钥就拥有了该账户的比特币控制权。

密钥是成对出现的，由一个私钥和一个公钥组成。公钥就像银行的账号，可以对外发布收付款，是面向全网公开的；而私钥就像控制账户的PIN码或支票的签名，是用户拥有此私钥对应的比特币而掌握的唯一凭证。

非对称加密技术可以用于用户的身份验证，由于用户掌握的私钥是唯一的，所以，不用依靠任何第三方中心机构就可以完成身份验证。这个技术优势可以用在医疗健康领域，如医疗区块链项目可以通过非对称加密手段为医患提供身份验证服务，根据身份验证后的授权信息，提供医疗健康记录的访问控制决策，以确保在保障患者隐私的同时也能严格遵从患者的意愿。在数据传输中，通过身份识别，预先定义数据访问权限和控制权限，确保只有有资格的参与者才能看到必要的数据，可以解决数据泄露等问题。

3.2.2 实现可匿名性

传统的银行业务模式通过限制利益相关方和第三方信任中介对信息的获取权限来保护用户隐私，但是这种方式不能让用户完全匿名，也不能完全防止用户隐私被泄露的风险。区块链通过让用户公钥（类似收付款账户）匿名化来实现可匿名性。

在区块链中，虽然所有的交易信息面向全网公开，但是用户的隐私信息却不会告诉任何人，用户信息（如用户身份识别、用户姓名、用户性别等）都是被完全隐藏的。

例如，在比特币区块链中，区块链地址信息链接和用户信息链接之间的流通完全被截断，只有区块链地址是公开的，只能查到某个地址向某个地址之间的转账记录和转账时间等，但是这个地址背后的关联用户身份信息都是匿名的。当进行比特币交易时，你是谁，你的资产是多少，你和谁之间有交易……这些都是匿名的。

匿名性可以提高信息的保密性和安全性。例如，在物联网中，它可以解决物联网的隐私保护问题；在医疗信息共享中，它可以不用透露数据提供者的信息，帮助医疗研究者进行数据收集等。

3.3 共识机制：防止节点篡改

共识机制是基于区块链的伟大发明之一，它是一种在区块链上建立的新的共同维护社区的机制。著名的《国富论》作者亚当·斯密曾经思考构建一个个体和个体之间能够自由地进行经济活动，并能够实现自己的最大利益的社会体系，但是由于现实条件的制约无法实现。比特币是第一个通过工作量证明（Proof of work）的区块链技术，使得亚当·斯密对于未来理想社会的想法趋于现实。

区块链的共识机制，是指一种通过创造性的共识算法让全网节点在点对点的基础上实现分布式时间戳记账、不可篡改且共同维护账本的方式。目前具有创造性的共识算法（Consensus Algorithm）如下：比特币使用工作量证明（Proof of Work，PoW）、以太坊使用权益证明（Proof of Stake，PoS）、EOS 使用股份授权证明（Delegated Proof of Stake，DPoS）等。

3.3.1 工作量证明

在比特币的工作量证明机制中，通过在区块中添加一个随机数，让 CPU 通过算力运算找到这个区块的哈希函数所需的对应值以完成工作证明。哈希函数是可以用来将任意长度的数据映射为固定长度的数据的函数。

哈希函数在算法运用中具备加密安全性，其优势在于如果找到正确结果就需要高难度的运算（需要一个一个地尝试所有组合），而且一旦找到正确结果，又可以很快被其他节点证实。这种工作量证明机制可以预防节点篡改。

一旦 CPU 花费很多算力完成工作量证明，区块就不能被攻击节点更改，除非重做证明工作，随着后面的交易区块被链接，攻击节点更改区块的工作还要包括重做之后所有的区块，并赶上诚实节点的工作。

因此，由于攻击区块链网络的成本很高，除了要投入高昂的硬件和电力成本，还会造成潜在挖矿利润的流失——每挖出一个新的区块，矿工就会得到一些代币奖励（区块奖励、交易费），以此激励他们继续挖矿；而网络客观的算力供给也很有限，这样就抑制了 CPU（如矿工节点）的作弊或者篡改行为。

3.3.2 权益证明

在比特币网络中，节点通过一个 CPU 一票的工作量证明机制获得参与系统的权利。矿工大约每 10 分钟将交易打包到"区块"中一次，从而创建出不断增长的区块链。大多数决策是由最长的链来代表的，这个最长链拥有最大的算力工作证明。因此，拥有大量算力的节点将有更大的影响力。

而权益证明则用权益替代了工作量证明在电力和算力方面的要求。权益指的是参与者在一段时间内愿意锁定的代币量。作为回报，他们成为下一个领导者并选择下一个区块的可能性是与他们所下的赌注成正比的。权益证明试图解决工作量证明中大量资源被浪费的缺点。它的安全性不是来自矿机的性能，而是来自降低经济损失的经济价值。

因此，权益证明与工作量证明不是对立的，权益证明可以有效地辅助工作量证明，矿工除了需要设备和电力，还需要网上暂存资金量押注（权益），这样即使是算力资源巨大的矿工，其恶意欺骗行为也会受到严格的控制，这就类似于在安全门上添加了第二道锁。

2018 年，以太坊基金会通过《实用的终结工具 Casper》（*Casper The Friendly Finality Gadget*）对安全的分布式权益证明协议进行了积极的研究。

3.3.3 股份授权证明

股份授权证明（Delegated Proof of Stake，DPoS）是一种新项目（EOS）里面设计的共识机制。在比特币的工作量证明的模式下，所有节点都有机会获得记录总账的权力，只要节点能够付出算力进行运算，节点之间根据算力大小进行竞争，谁先算出正确的答案，谁就可以获得记账权。因此，赢得记账权的概率与节点的算力成正比。而在股份授权证明的模式中，由所有该链的 Token 的持有者，通过持续批准投票系统选择区块生产者，然后由这些节点（区块生产者）协作，轮流进行记账。任何人都可以选择参与区块生产，只要他们可以说服 Token 持有人投票给他们。

在经典项目 EOS 的股份授权证明模式下，每轮可以生产 126 个区块（每个生产者生产 6 个，共 21 个生产者）。在每轮的开始，21 个独特的区块生产者优先选择代币持有者投票。被选定的生产者按照 15 个或更多生产者约定的顺序安排，相互协作，轮流进行记账，同时也需要提供 EOS 全链所需要的计算和网络资源（包括 CPU、内存、存储容量等）。

EOS 最新（2018 年更新）的白皮书中已经将共识机制从股份授权证明升级为了带有拜占庭容错的股份授权证明（Byzantine Fault Tolerance - Deligated Proof of Stake，BFT-DPoS），正在试验中，未来会如何，我们拭目以待。

3.4 智能合约：机器式的契约信任

1994年，密码学家尼克萨博（Nick Szabo）首次提出了“智能合约”这一术语，并将其定义为：“一个智能合约是一套以数字形式定义的承诺（Promises），包括合约参与方可以在上面执行这些承诺的协议。”它的意思如下：合约参与方对彼此的权利和义务达成协定，并把这个定好的协议写入计算机可执行的代码（如计算机程序的if-then语句）中，通过计算机来执行和实施这个合约。

3.4.1 智能合约与区块链的联系

智能合约只是以数字形式与真实世界的资产进行交互，当一个预先编好的条件被触发时，智能合约执行相应的合同条款。但是，在当时，由于计算机程序不能触发支付（不能完全交给机器自动处理），没有能够支持可编程交易的数字现金系统，因此，智能合约还处在理论阶段。

比特币的首次出现，让智能合约能够逐渐在现实世界中实现。比特币作为第一种电子现金资产，通过将货币或者资产数字化成一个计算机程序，使得智能合约能够与它进行交互。只要满足合约中的触发条件，计算机程序就可以自动触发支付或者执行智慧合约的协议。

以上这个过程，能够让任何人不需要任何中介机构，同时能够让任意参与双方按照商议好的协定，由机器代理正确地执行参与双方的意志。这样智能合约和区块链相互结合，通过把智能合约条款嵌入计算机硬件和软件中，让机器在赛博空间（虚拟空间）和物理空间（实体空间）之间建立契约信任，并实现完全自动化的安全交易。

3.4.2 智能合约是如何运作的

智能合约工作原理如图 3-1 所示。

图 3-1 智能合约工作原理

1. 构建交易多方的合同协议

在区块链中，交易多方共同制定定期交付协议，协议中明确了交易多方之间的权利和义务，这些权利和义务经过数字化转化为可触发合约自动执行的条件。

2. 智能合约存储在区块链数据库中

这个智能合约被写入区块链中，区块链为用户提供匿名机制，但账户 ID 是公开的，合同记录在公共账本中，任何人不可篡改。

3. 事件触发

当合约事件的条件被触发时，如交易密钥正确、时间到期、价格到位等，事件将合约中满足条件的事务，自动推送到待验证的队列中。

4. 验证与共识

区块链上的分布式验证节点对该事件进行签名验证，以确保其有效性。等大多数验证节点对该事件达成共识后，智能合约将成功执行，并通知用户。

5. 按照智能合约条款自动执行交易

在智能合约的托管中，其保存的价值按照智能合约条款自动从一个账户转移到另一个账户，这个交易过程对每个交易用户都是透明的，这样用户之间可以去第三方信任中介，通过智能合约的约定和区块链存储自动传递价值和存储价值。

在未来计算和连接无所不在的物联网时代，通过区块链和智能合约技术，机器和机器之间可以自动传递、传播信息，并实现价值的传递和传输。

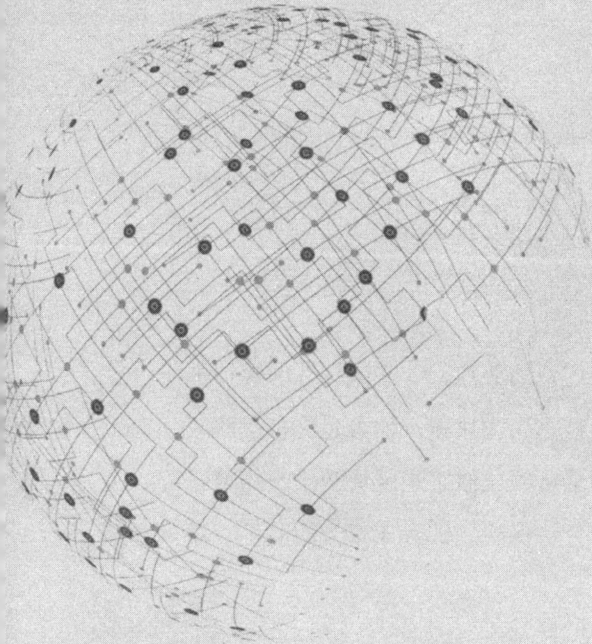

第 4 章

区块链率先敲开金融的大门

在金融领域，区块链受到了极为广泛的关注，一些国际性的银行机构（如富国、汇丰、花旗等）都在积极布局区块链，忙着建立自己的区块链研究室。如果从宏观角度来看，金融领域似乎是区块链敲开的第一扇“大门”。本章将从跨境支付、审计、保险、证券 4 个方面着手，对“区块链+金融”进行详细介绍。

4.1 区块链与支付：解决跨境企业的支付难题

随着消费和生活水平的不断提高，各种跨境服务也获得了非常迅猛的发展，其中最具代表性的是跨境电商、跨境留学、跨境旅游这三大板块。不过，在跨境服务迅猛发展的背后，跨境支付的痛点也越来越突出。在进行支付的时候，跨境企业很难将人民币转化为当地货币，而且还要面临着各种各样的难题，本节将对此进行详细说明。

4.1.1 跨境支付的痛点

随着跨境企业的迅速发展，影响全球商家利润的关键因素也变得越来越多，例如，跨境账户的低安全性、支付平台的高支付成本、不断丰富的支付方式等。而这一系列因素也已经得到了非常多的关注，并亟待解决。那么，跨境支付究竟存在哪些痛点呢？下面将从图 4-1 所示的 4 个跨境支付案例着手对这一问题进行详细分析。

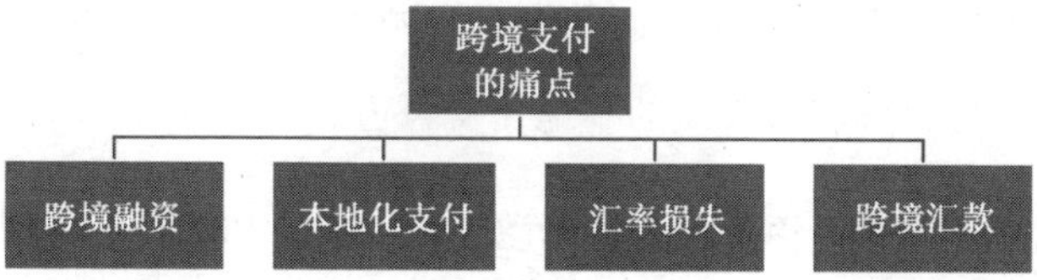

图 4-1 跨境支付的痛点

1. 跨境融资

某跨境 3C 轻资产企业，由于采购旺季的临近，再加上业务的渐趋成熟，所以订单数量也有了大幅度增加。在这种情况下，该企业除了需要大量备货，还需要扩大办公空间并增加办公人手。不过，企业要想完成这些项目，必须有一笔近 80 万元的巨额资金。

作为一家跨境轻资产企业，难免面临着非常大的融资痛点，例如，三方贷款成本高、旺季资金回笼速度慢、银行贷款难度高等。不仅如此，由于传统金融机构要保证自身的利益，所以，也很少为这些跨境轻资产企业提供优质的融资服务。

针对这一问题，相关企业提供了一些完美的解决方案。例如，针对特定跨境企业的授信产品 iPayLinks 跨境贷等。在这些方案的助力下，企业贷款利率只有 10%，而且贷款申请也非常简单，获得贷款资金所需时间的也特别短。

2. 本地化支付

某深耕于欧洲服装在线清算业务的跨境服装企业，完成一整套业务流程以后，不仅支付成功率非常低，订单转化率也特别不理想，更重要的是，购物车放弃的现象还频频出现。对此，iPayLinks 为该企业做了一个分析，最终发现，原支付页面并没有对顾客付款进行足够的引导展示，而且也没有提供顾客最喜欢的本地化支付方式。

根据这一结果，该企业系统修改了之前的支付页面，同时还增加了欧洲常用的一些本地化支付方式，如 Sofortbanking、Giropay、EPS 等，此举不仅提高了支付效率，还提升了顾客好感度，订单转化率也有了大幅度提升，已经由原来的 60%变为了 85%。

3. 汇率损失

某业务几乎遍布全世界的跨境航旅企业，在结算时涉及多个国家的货币，但是，该企业长久合作的支付机构只能结算一个国家的货币，这使其蒙受了巨大的汇率损失，并影响到了自身的正常发展，从而导致行业竞争力的不断下降。

针对这一情况，专门提供相应解决方案的企业已经为其制定了非常完善的措施，具体包括动态货币转换、iPayLinks 的全球多币种结算等。这样一来，该企业不仅可以把汇率与手续费的成本损耗降到最低，也可以使净利润得以大幅度增加，最终达到提升行业竞争力的目的。

4. 跨境汇款

为了提高教学质量，某跨境在线教育机构特意聘请了一些非常专业的外教，不过，这些外教的薪资支付却成为一个非常大的难题，原因在于：汇款手续费与汇率方面的巨大损失、汇款手续繁杂且所需时间长、国家相关法律法规的限制。针对这一难题，多家企业都已经制定了相应的解决方案，但前提是客户必须保证汇款渠道的合规性。

4.1.2 区块链跨境支付的优势

相较于传统的跨境支付模式，在区块链支持下的跨境支付具有更为明显的优势，主要体现在图 4-2 所示的几个方面。

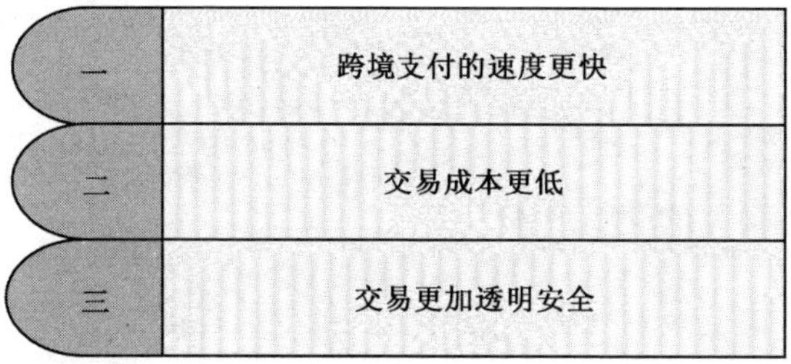

图 4-2 区块链跨境支付的 3 方面优势

1. 跨境支付的速度更快

传统支付模式下的银行跨境汇款需要 2～6 个工作日，然而在引入了 Ripple 公司的区块链技术后，这一跨境汇款只需 8 秒就能顺利完成。所以，对于金融机构而言，“区块链+跨境支付”可以有效地对交易成本结构进行改善，并且还支持全天候的支付和实时到账，加快了跨境支付的速度，提高了交易的效率。

此前，日本已经有 42 家银行加入了一个区块链联盟。该区块链联盟由 Ripple 公司旗下的一家合资企业和 SBI 集团（一家金融服务集团）共同发起成立。展开跨境支付的区块链概念验证项目是该联盟的核心业务。

另外，VISA 也计划和 Chain 公司进行合作，希望推出一种区块链跨境支付服务，试图挑战当前银行间大额跨境转账的主要途径——Swift 网络。该支付服务的主要应用对象是 B2B 跨境支付。

2. 交易成本更低

根据世界银行的统计数据，跨境支付规模正在全球范围内以平均每年 5%的速度增长。毕竟对于银行来说，跨境支付是利润最为丰厚的业务之一。传统模式下的跨境支付在处理各项环节（如接收货款、对账等）过程中会产生很高的交易成本。

但是，区块链技术应用下的跨境支付则可以降低交易成本，并且还能以弱化中介机构功能的方式来提高资金的流动性。区块链技术在支付领域的引入有助于“普惠金融”的实现。对于那些小额但却高频的跨境支付来说，区块链技术非常有用。美国区块链公司 Circle 此前已经在中国登陆，其目标是小额支付市场。

3. 交易更加透明安全

某调查数据显示，在接受访问的银行中有将近一半的银行都认为各大企业之间的跨境支付是区块链跨境支付中最受欢迎的一个场景。跨境汇款、银行内的跨境支付、个人与个人之间的跨境支付等场景均排在企业间跨境支付这一场景之后。

中国是世界的第一大出口国和第二大进口国，规模快速扩大的跨境交易市场对跨境支付有着越来越迫切的需求。在“走出去”战略和“一带一路”倡议的共同实施之下，企业间的跨境支付和结算存在巨大的发展潜力。当企业能获得一种高效率低成本、风险性又小的跨境支付结算方案时，企业的竞争力也能够得到大幅的提升。

在区块链跨境支付中，银行与银行之间实现了点对点的支付方式，不需要任何交易中介者。区块链所具有的四大本质特征则保证了跨境交易中交易双方资产的安全性，降低交易风险，让交易变得更加透明和安全。

4.1.3 招商银行完成首单区块链跨境支付业务

2017 年，招商银行与永隆银行、永隆深圳分行达成了亲密合作，携手将区块链技术引入到跨境支付当中。值得一提的是，这是世界上第一笔由区块链驱动的跨境支付业务，同时也是招商银行的一项金融科技成果。在金融领域，区块链的应用前景是非常广阔的，而且还被许多专业人士看好。之所以会出现这样的情况，主要是因为在跨境支付及清算方面，区块链的实用性和适配度都是最优的，可以称得上是“最完美的跨境支付解决方案”。

2017 年 3 月，作为代理清算行，招商银行在区块链直联跨境支付应用技术的助力下，通过永隆银行完成了南海控股有限公司与其在中国香港同名账户之间的跨境支付。同年 12 月，招商银行、永隆银行、永隆深圳分行又完成了招商海通贸易有限公司与海通（深圳）贸易有限公司之间的跨境人民币汇款业务。

针对由区块链驱动的相关业务，招商银行同业客户部总经理李公正说道：“我们的这个平台将是业内首个开放式的平台，将深入贯彻我们同业合作共赢的理念。”同时还表示，“招行在区块链清算上探索了很长一段时间，本次项目上线，目标着眼于未来与同业在金融科技上的合作。区块链从最初就是‘多中心化’的，这意味着任何一家参与方在链上都同等重要，接入方越多，效果也越显著。”

可见，招商银行在区块链领域确实下了很大的功夫，而且还自主研发了很多极具创新性的技术，例如，可编辑区块链、联盟成员识别验证、互联网合约验证、隐私保护等。在这些技术的助力下，招商银行不仅摆脱了基于区块链应用推广的种种困境，还形成了区块链多方协作解决方案。另外，区块链跨境支付技术致力于实现高效且安全的信息传递，因此，区块链电子货币所面临的合法性和监管性问题得以有效解决。

据李公正透露，招商银行之所以推出区块链跨境人民币同业清算项目，主要是因为希望解决客户服务及业务运行方面的难题。而且，经过这些年的发展，招商银行的跨境人民币同业代理清算客户数量有了大幅度增加，清算业务规模也越来越大。相关数据显示，在完成第一笔由区块链技术驱动的跨境人民币同业清算业务之前，招商银行完成的跨境外币汇款业务已经超过了 3000 笔，涉及金额更是高达 35 亿元。

对此，李公正指出，“招行未来的计划，一是将招行所有海外机构都纳入这个全球区块链跨境清算项目；二是愿意分享技术，邀请同业银行客户通力合作，共建一个覆盖面更广的跨行区块链清算平台，实现多方共赢”。

最近几年，区块链技术受到了非常广泛的关注，似乎已经成为金融领域一个炙手可热的课题。在这种情况下，以招商银行为代表的众多金融机构都在积极开展与区块链有关的研发与尝试，不过真正能够成功的却是凤毛麟角。

然而，招商银行凭借自己的强大优势，打造出了由区块链技术驱动的跨境直联支付系统，该系统具有图 4-3 所示 4 个显著特点。

图 4-3　招商银行跨境直联支付系统的 4 个特点

具体来讲，高效率性是指去传统中心转发架构后，支付时间由分钟缩短至秒级；高可用性是指分布式架构任一个节点出现故障对整个系统的运作不会产生任何影响；高安全性是指在私有链封闭网络环境中的报文难以伪造和篡改；高扩展性是指新的参与者能以最快的速度和最简便的方式加入系统当中。

毋庸置疑，在当下这个数字支付时代，人们与数字货币之间的距离已经被极大地缩短，而且从 2017 年起，中国央行开始不断促进数字货币的发展，一方面，成功测试了由区块链驱动的数字票据交易平台；另一方面，央行数字货币研究所也已正式挂牌。

4.2　区块链与审计：改变现有审计模式

毋庸置疑，现代审计正面临着诸多困境，而这些困境也在严重影响着审计工作的正常进行。所以，对于审计部门来说，摆脱这些困境成为当务之急。在这种情况下，“区块链+审计”快速发展了起来，因为区块链的确可以改变现有的审计模式。例如，审计行业可以利用区块链改进审计数据的记录方式和存储方式，用半公开私有链进行实时审计等，本节将对此进行详细说明。

4.2.1 现代审计所面临的困境

随着大数据时代的到来，除了针对大数据的研究持续增多，相关技术也变得越来越成熟，并对多个行业产生了深刻影响，审计行业就是其中一个。在这种情况下，如何把握这一机遇从而推动审计工作的发展，成为审计部门应该认真思考的问题。不过，要想解决好这一问题，首先应知道现代审计所面临的困境，我们将从图 4-4 所示的两个方面进行详细说明。

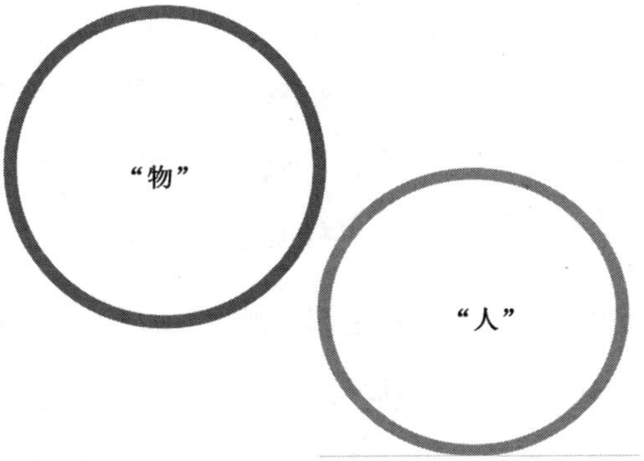

图 4-4 现代审计所面临的困境

1. “物”：“数据孤岛”提高了采集数据的难度

因为每一个被审计单位的职能都不相同，也没能形成集中且规范的信息系统，所以就出现了一个个的“数据孤岛”，从而使采集数据的难度大幅度提高，具体表现在以下几点：

（1）从目前的情况来看，审计部门虽然已经正式使用了AO系统，但由于被审计单位在很多方面都有差异（例如，逻辑关系、财务管理系统、系统数据结构等），因此审计人员很难在AO系统中找到相应的采集模板，从而导致数据没有办法被采集。

（2）因为被审计单位的数据接口不一，而且财经系统也非常不集中，所以某些系统数据导出功能非常容易出现纰漏，最终无法导出所有的数据。更重要的是，这其中也包括很多审计工作中需要用到的关键数据。

2. “人”：审计人才匮乏使大数据之路越来越难走

众所周知，大数据不仅种类繁多，结构还非常复杂，主要包含以下两种：很难统一描述的非结构化数据、有一定规律性的结构化及半结构化数据。在这种情况下，审计人员要想对大数据进行准确分析，必须具备多方面的能力。例如，扎实的会计基础、挖掘和分析数据的能力、协调管理能力、计算机操作能力、理解能力、学习能力等。

目前，审计部门中的大数据分析工作基本上是由审计人员兼任的。但是由于这些人员的知识结构比较单一，计算机操作能力也不是非常强，所以其中的绝大多数人都只能对数据进行简单的处理，根本无法利用最新的大数据技术辅助审计，从而影响了审计工作的顺利开展。

可见，无论是“物”还是“人”，都已经成为现代审计工作中的“绊脚石”。在这种情况下，审计部门应该抓紧时间，尽快解决这两方面的问题。

4.2.2 改进审计数据的记录方式

对于审计行业来说，区块链的第一大作用是改进审计数据的记录方式。应该知道，现在的主流虽然是具有审计预警机制的联网审计，但审计人员还应对那些异常记录进行进一步的判断和处理。而区块链则可以通过验证并认可各个节点及其内部的重要交易信息（例如，各节点的账本有没有缺漏、网络节点有没有遭受攻击等），实现对异常记录的自动处理，这样一来，实时审计变成了一个可以达到的目标。

除此以外，审计人员也可以对区块链上的有效信息进行直接且快速的访问查询，并对处理的科学性及合理性进行深入判断。而且，如果存在问题的话，审计人员还可以在第一时间进行修正。

通常情况下，在记录各项交易和操作时，区块链使用的应该是时间戳的方式。这样一来，不仅可以实现数据的溯源与追踪，还可以使审计工作的质量和效率得以大幅度提高。因此，对于审计工作而言，区块链是非常有益的。

4.2.3 改变审计数据的存储方式

区块链的第一次亮相是在比特币交易系统当中，其 P2P 电子现金系统可以最大限度地保证交易的安全性。另外，美国《华盛顿邮报》也曾刊登过有关区块链的文章，同时还指出区块链是最有可能改变创新之路的十大前沿技术之一。

可以看到，区块链已经在世界范围内获得了广泛关注，其中也包括普华永道（PWC）、毕马威（KPMG）、德勤（DTT）、安永（EY）这四大国际会计师事务所，它们正在积极研究如何利用区块链来提高审计工作的效率。

那么，区块链为什么深受会计师事务所的喜爱呢？主要原因是其自身独有的3个特征，如图4-5所示。

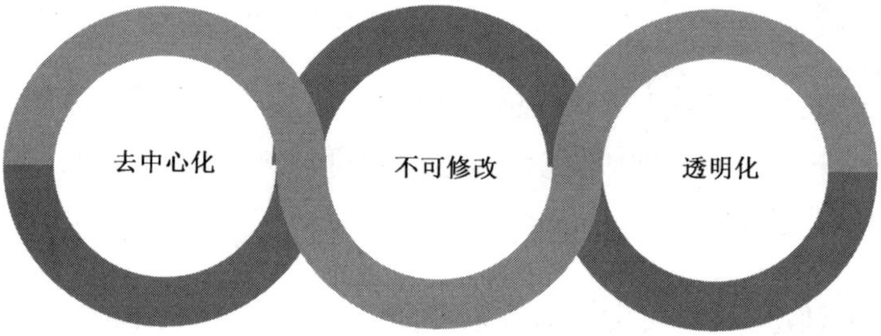

图4-5　区块链的3个特征

其中，去中心化的特性使区块链的任意节点都可以保存网络中的所有数据。当某个节点出现故障的时候，其他节点不会受到影响，依然可以正常工作；不可修改的特性可以使区块链中的数据被大家共享，与此同时，系统也会对数据进行自动对比，那些单独修改的数据就会被挑出来并视为无效；透明化的特性可以使区块链中的节点不接受任何不透明的交易，从而保证交易的安全性。

另外，在这些特性的影响下，区块链也对审计工作产生了深刻影响。

除了上一节说到的改进审计数据的记录方式，区块链还可以改变审计数据的存储方式。在传统审计工作中，所有的数据都会被存储在一台审计中心服务器上，这种做法不仅会使服务器的负载过高，还会拖慢服务器的运行速度，并使其容易遭受严重的攻击。

然而，区块链审计系统是非常典型的分布式存储，而且每一个节点都会有相同的备份，这样一来，既可以减少花费在服务器上的成本（例如，维护、修理费用等），还可以使数据的完整性得到最大限度的保障。

4.2.4 用半公开私有链进行实时审计

对于区块链而言，除了有上一节提到的 3 个特征，还有 3 种重要形式，如图 4-6 所示。

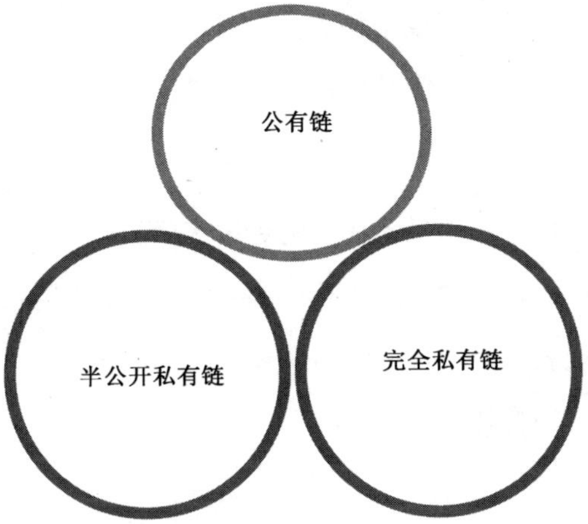

图 4-6 区块链的 3 种重要形式

考虑到审计工作的实际情况，审计行业最应该采取的是图 4-6 中的半公开私有链形式。一般情况下，在审计过程中，被审计单位的某些重要商业机密都是不公开的，而区块的生成也是由单位内部的预选节点来决定的，这样一来，外部供应商可以在不过问记账过程的前提下参与交易。另外，区块链可以通过开放的 API 为第三方提供查询节点，此举不仅可以最大限度地保护被审计单位的隐私，还可以使审计人员实现对相关数据的实时审计查询。

实际上，和大多数技术相同，区块链可以大幅度减少审计工作中的失误。除此以外，因为区块链会记录和验证每一笔交易，所以，其中的财务记录只要正式生成，会计系统的管理员也无法进行更改。这不仅使审计人员的劳动强度得以大幅度降低，还可以保证审计工作的顺利开展。

当然，区块链应用所面临的问题也是必须正视的。例如，区块链所具备的不可删除特性不仅会极大地拉长链条，还会增加磁盘存储量。要知道，对于任何一台作为节点的计算机来讲，磁盘存储量的增加都是一个非常沉重的负担。

目前，区块链应用虽然还面临着诸多问题，依然处在实验阶段。但不得不承认的是，区块链有非常广阔的发展前景。当技术足够成熟并发展到一定阶段时，区块链的威力就可以发挥出来，从而为整个审计领域带来翻天覆地的变化。

4.3 区块链与保险：回归保险的保障本质

纵观各大保险巨头，无论是汉诺威再保险，还是 SCOR，或是 Generali 集团，都开始在区块链应用的道路上不断探索，希望可以早日实现区块链与保险的结合。之所以会出现这样的情况，主要是因为区块链不仅可以解决传统保险的信誉问题，还可以助力保险公司防敲诈。本节将对这一部分内容进行详细阐述。

4.3.1 解决传统保险的信誉问题

许多专业人士都把区块链称为“信任的机器”，之所以会这样，主要是因为区块链可以将某些核心元素（例如，点对点、分布式、密码学等）整合在自身的数据结构中，然后将密码学理论与数学算法结合起来，最终建立起一种信任共识。

具体到保险领域，企业希望能够在区块链的助力下，用最低的成本来解决最头疼的信誉问题。目前，随着社会的迅猛发展，除了信誉问题，保险领域还面临着其他方面的诸多问题。例如，信息不对称、对中介的依赖度过高、险种单一等。这些问题不仅限制了保险企业的发展，还损害了客户的利益。

实际上，如果我们对这些问题进行仔细分析，就会发现最终都可以归结到一个点上——信誉。要知道，保险的根基是信誉，为了壮大这一根基，保险企业不惜花费重金。不过，因为受到了系统架构及传统技术模式的限制，这些措施所产生的效果并不理想。

然而，自从区块链出现以后，保险领域所面临的痛点得到了有效解决。例如，通过区块链的分布式账本实现存储数据的透明化、通过区块链的智能合约实现业务的自动化等。所以，将区块链引入保险领域似乎已经成为每个保险企业的期盼。在这一方面，宙斯盾 ZSC 项目是一个极具代表性的先行实践案例。

宙斯盾是一家以“区块链+保险”为主要特征的创业公司，可以为所有保险企业提供完善的区块链解决方案。不仅如此，宙斯盾还可以重构保险行业，从而建立起一个全新的保险生态。

对此，宙斯盾联合创始人谢少帅曾表示：“区块链的核心是解决传统保险公司所面临的信誉问题，包括民事参与主体的信誉问题，通过将传统的保险转变为智能合约，可以避免文字游戏，也能推动保险自动化理赔；分布式数据库可以为整个保险业务公司与公司之间提供信任机制，规避业务壁垒。”谢少帅深刻阐述了区块链在保险领域的巨大优势。宙斯盾区块链系统主要由图 4-7 所示的四大部分组成。

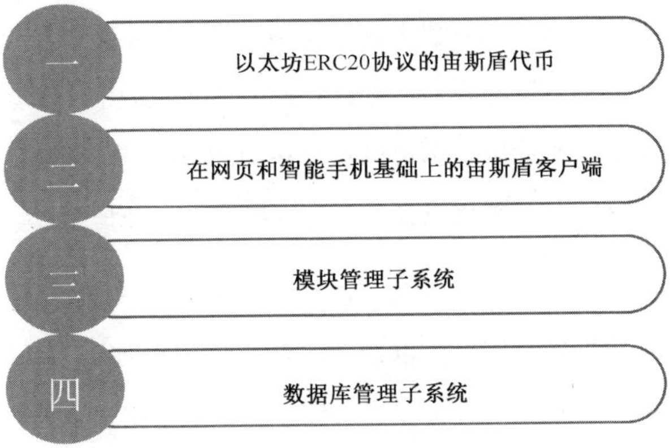

图 4-7　宙斯盾区块链系统的四大组成部分

通过上述四大组成部分可以知道，宙斯盾区块链系统其实是一个以保险业务为基础的P2P集市平台，而且可以分为供保和受保这两个单元。这里值得注意的是，无论是供保单元还是受保单元，关键点都是资金池。

针对这一情况，谢少帅曾说过："2015 年比较流行的互联网互助性保险，对社会价值有非常大的益处，但缺乏相应的机制，募集来的资金可能会被人拿走跑路了，通过将募集来的资金存在对应保险的资金池里，通过区块链资金流转可以被记录，也可以公开透明化监管。一旦发生赔付，如小概率突发事件，如果没有建立资金池，保险公司无法支付这个赔付，在开放的体系里面保险代币是可以被锁定、监管的，一旦出现这种情况，资金池会自动进行赔付。"

另外，宙斯盾区块链系统与保险企业之间并不是竞争关系。在前期，宙斯盾会把保险企业的保险产品接入自己的区块链系统当中，以此来提升实现保险区块链化的速度。不仅如此，宙斯盾数据库还可以帮保险企业存储保险合同，以去马尔代夫旅游为例，其保险业务通常会涉及多个国家，有了宙斯盾的助力以后，无论是业务所涉及的不同国家，还是业务系统中的不同保险企业，都可以对不相同的条款进行勾选，一旦发生赔付，宙斯盾区块链系统可以操作多个保险企业，并使其提供更加便捷和优质的保险服务。

通过上述宙斯盾的案例可以知道，对于保险企业来说，区块链确实是一项非常重要的技术，除可以强大信誉这一重要根基以外，还可以促进自身的长远发展。

4.3.2 智能合约自动履行合同

众所周知，在使用人工程序办理合同时，不仅要使用大量的纸质信用证，而且还存在效率低、成本高等弊端。然而，智能合约仅需要几秒就可以完成这项工作。因此，高效率、低成本成为智能合约取代人工程序的理由。那么，智能合约还有其他方面的用处吗？当然有，不过必须在了解智能合约的特点后才能再去了解其用途。

之前，不少专家学者认为，智能合约是区域块领域的杀手级应用。实际上，与其这样认为，我们还不如把智能合约看作承诺的一种数字化的表现形式。1994 年，密码学家尼克·萨博第一次提出了"智能合约"的概念：合同参与方可以在上面执行这些承诺的协议，都能够以数字化的形式表现出来，这就是智能合约。

简单来讲，智能合约是一个可以自动执行合同内容的计算机程序，其工作原理与编程语言“if-then”语句非常相似，当然也免不了会有一些不同之处。另外，当合同条件正式达成时，智能合约会自动执行合同的条款，这可以看作一种与世界资产的交互。

以最容易理解，也最典型的赌博为例，某人和自己的朋友正在看世界杯，但是他们觉得只看比赛有点无聊，所以想要进行一场关于世界杯冠军花落谁家的赌博。假设这个人下注法国，他的朋友选择了葡萄牙，筹码是 500 美金，或者 2 个比特币，然后他们便以数字化的方式拟定了一个合同条款。而智能合约可以生成一个中立的账户，将他们的赌注收走，等到冠军产生以后，再从网上搜集大量的信息去验证结果的真实性。最终，胜利的一方就可以获得智能合约转移的赌注。

一般情况下，传统合同需要参与合同的双方彼此信任，而且还会要求双方履行各自的义务。当然，合同也需要法律效力的约束以保证双方的利益。然而，法律有时也会因为是人们自己制定的而出错，但智能合约却可以摆脱这样的缺点。

具体来讲，同样是一份合同的履行，参与合同的双方不必互相信任，因为只要合同建立起来，就会被强制自动执行，而且双方都无法再去更改任何内容。与此同时，具备去中心化特征的区块链可以让合同通过分布式的网络节点执行，而不再依赖于某个第三方服务器。这样一来，不仅黑客攻击的安全问题不会出现，还可以免去保险合同被篡改的风险。

以客户投资保险为例，客户只要投保，就会立刻生成一个保险合同。合同由于被存储在区域链的技术构架中，所以不会被改变，智能合约则自动完成履行合同的功能。另外，值得一提的是，访问受限的合同只有当事人拿密钥才可以看到，这可以保障当事人的个人隐私安全。不过，合同的查阅、修改等都会被记录和存储在链条中。

此外，区块链也让电子签约过程变得更加可信。这里需要提及一个多层智能合约的概念：未来在一个开源结构里，保险公司的责任履行会由多个不同方参与，每个不同方会在智能合约的一层里，完成专属于它的工作。

可以看到，把智能合约存储到区块链中，确实能够保障合同的安全性和不可篡改性，只要达到了其中的一个条件，智能合约便会自动执行合同中相应的条款。而保险合同也可以被当作智能合约纳入区块链中，投保人通过投保建立起保险合同，如果发生相对应的事件，就会触发智能合约的自动执行程序，投保人会自动获得理赔。

另外，投资也可以被当作智能合约纳入区块链中。对于建立合同的投资人，等投资日期结束后，系统会自动返还投资人的本金和利息。如果是融资，把融资过程中的各项数据纳入区块链系统中，根据保险金融大脑计算出融资利率，符合条件，就可以实现自动划款。

早在之前，德国保险巨头安联就曾尝试用区块链技术推动巨灾债券市场，而且也取得了不错的效果。安联宣布成功用基于区块链的智能合约处理巨灾互换和债券交易，促进了金融工具的市场化。巨灾互换和债券作为一种交易工具，允许保险公司根据预定的条件来避免重大灾难的损失。以前，如果出现重灾，保险公司的赔付会拖延很长时间，这对于公司来说，是非常大的损失。如果保险公司采用智能合约，让整个赔付过程实现自动化，可以大大缩短赔付时间，提升赔付的工作效率。

区块链技术能够增加巨灾互换和债券的可靠性，简化了第三方中介确定投资者交易和支付合法性过程中的烦琐的人工操作流程。通过区块链建立的自动化赔付系统，也可以避免人为操作的错误。

4.3.3 助力保险公司防敲诈

在“信誉”这一强大根基的影响下，保险企业的目标已经变成了建立一套新型信用体系的区块链技术，也正是因为这样，保险业才被认为是最早探索区块链应用的行业之一。

众所周知，有了身份识别这一强大基础，智能合约的自动执行就可以被有效触发，从而实现保险的自动赔付。这样一来，保险公司的工作效率会有很大的提升，同时客户体验也会有非常明显的改善。

实际上，除了智能合约这样的基础应用，区块链的特性也有利于实现保险业在数据交换场景下的应用。而且从目前的实际情况来看，在区块链的助力下，已经有不少“拓荒者”成功建立起了保险业反欺诈联盟。

对此，泰康在线的首席技术官潘高峰曾表示，他们正在积极探索以区块链为基础的反欺诈联盟，并呼吁更多的企业加入进来。另外，据他透露，泰康在线建立反欺诈联盟的主要目的是提供一个行业级别的互联网风险保障平台。截至 2018 年 3 月，由泰康在线布局的区块链反欺诈联盟系统，不仅已经正式投入使用，而且还和多个渠道进行了一些非常有意义的操作，例如，数据共享、数据互换、数据同步等。

在某次大会上，潘高峰曾说过：“我们根据区块链的特性，编写了对用户过往投保及保单操作信息记录的智能合约，通过智能合约来界定用户在投保时是否具有投保资格及可购买的保单保障金额。通过区块链技术，希望在源头上做到杜绝骗保、骗赔等行为的发生。”由此可见，在防敲诈方面，泰康在线确实做了很多努力。

最近几年，风险保额过高的事件屡屡发生。例如，为了累计更高的风险保额，有人会在多家保险企业购买不同保额的短期意外险产品。而之所以会出现这样的情况，主要是因为保险企业之间缺乏数据交换，从而导致核保核赔阶段的信息不对称。而区块链则可以有效解决这一问题，正如潘高峰所说：“通过区块链，可以把所有意外险的数据做上去，保险公司就可以自己做核保了。”

另外，潘高峰还表示：“同行业之间的区块链应用相对而言是一个见效快的项目，有着成熟的应用场景和共同的目标需求。从某种程度上来说，各公司直接共享的数据是成果。链上的实时数据即时可用，尤其在核保和核赔方面，可以毫不夸张地说，区块链上每新增一条数据，是对所有的联盟成员新增了一层防护。”

从目前的情况来看，在反欺诈联盟项目中，区块链虽然被很好地应用于核保核赔方面，但从整体来看，依然还处于技术验证和实践的阶段。人保财险党委副书记、监事会主席王和也说过：“区块链在反欺诈领域的应用可以立竿见影，当然要跟物联网、大数据、智能合约来匹配。”

实际上，上述两位业内人士的话也在一定程度上表示，“区块链+

保险”这一新兴模式还有很长的路要走。此外，如果从科技发展规律和技术成熟路线的角度来看，区块链在保险业真正落地应用的时机还没有成熟，就像信美人寿相互保险社数据信息中心总监童国红所说的那样：“目前区块链技术底层相对来说比较成熟，在部分行业也有成熟的应用，但与保险结合的场景，大家都还在尝试中，真正的爆发还未到来。”

不过，在保险业陆续引入人工智能、大数据等最新科技以后，这些科技就会和区块链结合起来，成为推动保险产品创新的强大动力。对此，爱心人寿的首席技术官马湘一说：“未来五到十年，区块链可能引起保险业产生非常大的改变。”

4.4 区块链与证券：证券交易的新模式

在一些专家看来，部署区块链的最佳选择是证券。那么，出现这一论断的具体原因究竟是什么呢？首先，证券在现代金融市场中的位置是非常突出的；其次，证券的流动性很强；最后，也是最关键的，证券行业最先发现了区块链的广阔经济前景。

纵观 Overstock、纳斯达克等证券巨头，都推出了区块链证券交易平台。这也在一定程度上表示，区块链的出现确实加速了资产数字化时代的到来。因此，证券行业要想获得良好的发展，就应该积极拥抱这个新时代。

4.4.1 有效降低场外交易风险

因为目前的证券及资金管存制度并不是非常完善，而且相对较为宽松，再加之场外创新产品都会有非常强的复杂性，所以如果与场内交易相比，场外交易的风险会更大，这主要体现在证券交割、合约履行等方面。这里值得一提的是，对于监管机构而言，一旦发现场外交易中的违约情况，很难对市场风险和最大损失进行准确评估，从而引发非常严重的系统性风险。

而区块链则可以承担中央证券机构所承担的一系列职能，例如，强制执行职能、数据中心职能、信用担保职能等。不仅如此，区块链还可以大幅度减少执行这些职能所需的成本，并将其中的风险降到最低。

众所周知，在区块链证券交易系统中已经录入区块的数据，不仅能被快速复制到每个数据块中，而且任何人都不可以对其进行篡改。这也表示，录入到区块链上的信息会被展示出来，产生公示效果，所以交易过程中的争议可以被有效避免。

在交易双方发布交易指令的过程中，最少不了的是加密后的数字签名。在对数字签名、交易双方资金偿付能力、数字交易有效性进行验证的过程中，加密算法是必不可少的。而不管是加密后的数字签名，还是加密算法，都是区块链所能提供的，再加上区块链还可以在加盖时间戳的前提下，将交易记录到共享账本中。所以，在确保交易的真实性和完整性方面，区块链确实能够起到非常重要的作用。

另外，由于区块链具有不可篡改的特性，所以篡改交易是一件非常困难的事情。在这种情况下，交易双方、监管机构可以对交易进行确认和追踪，而区块链也承担起了信用担保、数据中心等重要职能。

应该知道，结算清算机制具有非常强大的作用，可以消化任何交易方可能的违约风险。而区块链则可以记录交易双方的交易记录，并且还会保留多个非常完整的副本。在这种情况下，无论是对交易记录进行篡改还是伪造，都是不可能实现的，也相当于权益市场的高透明性有了保障。另外，由于交易记录是不可以被篡改和伪造的，因此，可以保证证券和资金的有效交割，从而最大限度地降低场外交易中的系统性风险。

不过，必须承认的一点是，对于证券交易所来说，区块链是一把双刃剑，一方面，区块链使场外交易风险得以大幅度降低；另一方面，证券交易所的收益也比之前少了很多。因此，证券交易所要想弥补收益的话，必须学会利用区块链去开发新的数据服务。

4.4.2 简化交易流程，提高交易效率

1630 年，历史上第一家证券交易所在阿姆斯特丹诞生。因为当时的交易方式是证券实物交换，所以证券持有人或投资者要想进行证券交易，就必须把实物证券交给证券交易所保管。在这种交易方式的影响下，清算时间被不断拉长，可能需要一个月的时间才可以清算出一天完成的交易。

之后，随着证券市场的不断扩大，证券交易也变得越来越频繁。所以，一些实物证券的交割只能被搁置下来，没有办法及时完成。在这种情况下，专门服务于投资者和交易所的结算机构、证券企业开始发展起来，并使交易效率得以大幅度提升。

再后来，因为受到了电子计算机逐渐普及的影响，证券交易方式又发生了很大的变化，从实物证券交易变成了较为先进的无纸化证券交易。值得一提的是，加入了电子计算机技术的证券交易，不仅效率有了很大的提升，而且成本也比之前降低了很多。

现在，随着区块链的兴起和迅猛发展，证券交易的流程和效率又被提升到了一个更高的水平。有了区块链以后，任何发展阶段、发展规模的企业都可以拥有一本属于自己的账。不仅如此，区块链也使记录、管理、保存证券信息的方式发生了变化——由之前的相互闭塞变成了全网透明、主体匿名。

另外，在对不同主体的差异化监管的过程中，区块链的智能合约不仅可以决定证券的发行方式（公开还是非公开），还可以设立相应的监管节点。这样一来，多层次证券发行体系可以逐步建立起来，从而解决证券发行的某些问题，例如，流程杂、环节多、耗时长等。

在证券交易中，与当前所需时间相比，区块链的所需时间要更短。众所周知，传统的证券交易程序必须经过图 4-8 所示的 4 个环节。

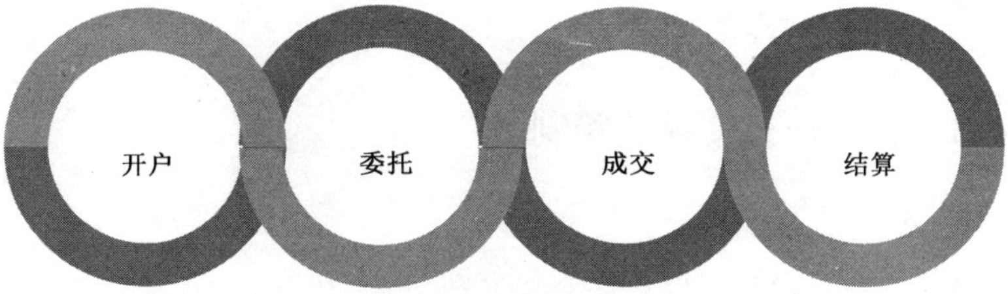

图 4-8　传统证券交易程序的 4 个环节

不仅如此，这 4 个环节还要涉及多个相关方，例如，银行、券商、交易机构、结算机构、投资者等。在这种情况下，无论是哪一个相关方出现了失误，都会影响交易进度和交易效率。而区块链则可以实现交易流程的自动化、简便化，并使交易双方绕过第三方直接进行交易，从而节省了大量的人力和物力。

具体来讲，通过区块链的共识机制，各节点会对已经确定并进入总账的证券交易进行判断，确定其是否是真实有效的。除此以外，各节点还会完成划拨资金、交割证券等工作。这样一来，清算时间会被大大缩短，甚至可以达到分钟级。

在区块链加密技术的助力下，证券的清算与结算已经实现了真正意义上的“分中心化”，甚至交易系统中的后台系统也可以被省略。值得一提的是，因为区块链可以实时且自动地为交易双方建立信任，所以能够加速交易的完成，而这也在一定程度上表示，“交易即结算”已经变得越来越现实。

4.4.3 有效补充交易监管制度

之前，中国股权市场具有很多业务特性，其中最为明显的应该是以下3个：分散性、参与主体规模趋同、区域性。在这些业务特性的影响下，股权市场很难发挥出应有的功能，也无法展现出应有的活力。

引入区块链可以加强各股权市场之间的联动性和流通性，并使数据孤岛问题得以有效解决，从而提升股权市场的活力。不过，随着股权市场活力的不断提升，交易监管也变得越来越困难。因此，在提升股权市场活力的同时，区块链还必须补充场外交易监管制度，而事实也证明，区块链确实有这样的作用。

具体来讲，区块链不仅可以为系统构建出一个特殊的监管节点，而且还可以针对各种不同因素（例如，交易级别、融资规模、交易主体等）设置不同的监管方式和手段。这样一来，监管机构可以在第一时间掌握股权市场的交易动态和整体情况。

众所周知，区块链可以记录所有的历史数据、交易情况及其他重要信息，而且任何组织或个人都没有办法篡改。这也表示，交易流程的自动化监管已经变得非常现实，交易的自律性也有了大幅度提升。

可见，对于证券行业而言，区块链的确是非常重要的，可以发挥很多方面的作用。但也并不能代表区块链是“完美无瑕”的。随着摩尔定律的逐渐失效，硬件条件的升级速度也变得越来越慢，已经不能跟上数据增长的速度。

另外，虽然区块链技术大大缩短了证券交易的时间，但交易双方确认交易的时间依然不受控制，也就是说，在交易还没有正式确认之前，存储器必须替交易双方保管大量的交易数据，而且这些数据都是会永远存在的。在这种情况下，区块链技术所面临的难题就变成了如何使存储器的存储效率得到提高，以及如何降低存储器的能源消耗。

当然，除了上述两大难题，区块链技术面前还横亘着通信延迟这一座不好逾越的大山。在同步每个账本的数据时，区块链技术通常都会采用网络广播的方式，如果要想给每个账本发送交易信息，这个过程需要一定的时间。

如果再遇到带宽资源紧张或者网络堵塞的情况，那么任何一个账本都可能无法及时收到这些交易信息，同时也会为那些黑客创造更多的可乘之机。由此看来，无论是证券机构还是区块链企业，都应该看到区块链技术的不足，只有这样，才可以实现各自的目的。

第 5 章

区块链应用于物联网

目前，从科技领域的实际情况来看，最热门的两个话题应该就是区块链和物联网。与此同时，二者结合的可能性也受到了广泛关注。而事实也证明，物联网所面临的几个难题也可以被区块链解决。不仅如此，在物联网领域，区块链的应用案例已经涵盖了多个行业。由此来看，区块链的发展前景是非常广阔的，所以无论是企业还是政府，都应该重视区块链的升级与完善。

毋庸置疑，区块链和物联网可以称得上是“天作之合”，在区块链的助力下，物联网可以获得更多应用场景，而且也可以衍生出大量的使用案例。更重要的是，这里所说的并不是凭空想象，而是已经在逐步变成现实。

5.1　物联网的现状

在人们的生活当中，物联网似乎已经变得随处可见，物联网应用也越来越多，例如，智能门锁、智能窗帘、智能蓝牙手环等。不过，这些物联网应用也只是冰山一角。未来，我们的生活环境、工作环境，以及所有人们可以涉及的地方，都可以和物联网建立关系。因此，物联网肯定可以成为未来的发展趋势，不仅如此，在物联网的促进下，下一个智能时代也即将到来。

5.1.1 什么是物联网

如果按照字面意思来理解物联网的话，其实是“物物相连的互联网”，这里一共包含两层含义：第一，物联网是在互联网基础上延伸和扩展出来的一种网络；第二，在进行信息交换及通信的过程中，物联网的用户端已经延伸和扩展到了物品与物品之间。所以，从严格意义上来讲，物联网的定义应该如下：通过各种信息传感设备（如激光扫描器、无线射频识别装置、全球定位系统、红外感应器等），根据已经约定好的协议，将物品和互联网连接在一起，进行信息交换及通信，从而实现识别、定位、跟踪、监控、管理的一种网络。

众所周知，在传统互联网时代，信息交换及通信是发生在计算机与计算机之间的，但因为计算机是需要人来操作的，所以，也相当于发生在人与人之间。而在物联网时代，信息交换及通信不仅可以发生在人与人之间，还可以发生在人与物，甚至物与物之间。

当然，无论在哪一个时代，人都是主体。之所以会这样说，主要是因为发生在物与物之间的信息交换及通信最终还是要为人所用。另外，由物联网的定义来看，通过传感器完成信息感知是其基本功能，而信息交换及通信则是其目的。

值得一提的是，数据收集是信息感知的基本形式，同时也是一个从传感器感知到物体数据，然后到汇集数据的过程。要知道，对于物联网来说，这一过程是非常重要的，因为物联网系统要想正常运行，必须得到有效数据的支持。

在网络因素的影响下，收集数据的时候很可能会发生数据丢失或不准确的现象，而避免这一现象的有效手段是获得一致且有效的感知信息。一旦获得了这样的感知信息，我们就可以完成很多事情，例如，针对不同用户的需求，做出不同的系统。

其实，物联网是既简单又复杂的，简单是因为它的原理是非常好理解的；复杂则是因为需要用到大量的设备，而且每位用户的需求都是不相同的，这中间会面临查询时间长、数据量过大等诸多问题。

虽然物联网有复杂的一方面，但从目前的情况来看，其应用是非常广泛的，涉及多个领域，例如，环境保护、工业监测、食品溯源、情报搜集、平安家居、智能交通、病人护理、水系监测、敌情侦查、智能消防、花卉栽培、公共安全……

5.1.2 物联网的技术架构

上一节介绍了物联网的基本概念，本节接着介绍一下物联网的技术架构，具体分为 3 个层次，如图 5-1 所示。

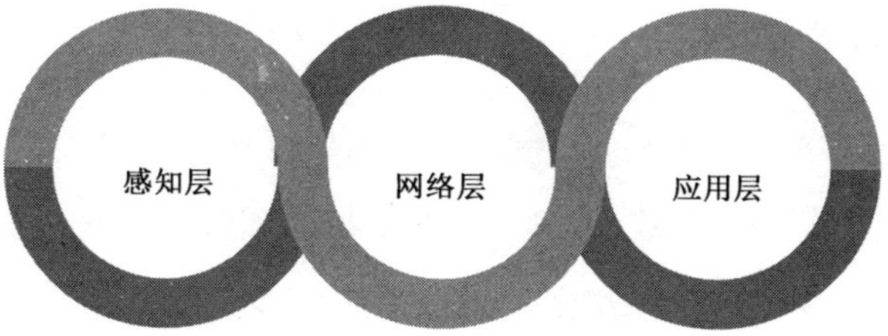

图 5-1　物联网的技术架构

1. 感知层

在物联网的技术架构中，感知层处于最底层的位置，其作用与人们身上的皮肤和五官非常相似，主要任务是采集现实世界中的各类应用相关数据，具体包括各类传感器设备、无线射频识别标签和读写器、传感器网络、有线（无线）传感网络、终端、全球定位系统、摄像头、二维码标签和识读器等。另外，值得一提的是，感知层也包括非常多的技术，例如，无线射频识别、紫蜂协议等。

2. 网络层

在物联网的技术架构中，网络层的作用与人身体上的神经中枢和大脑类似，主要任务是传递相关信息。另外，网络层是在通信网及互联网的基础上建立起来的，其关键技术主要包括通信技术、终端技术等，因此，可以为各种行业终端提供通信能力。

更重要的是，因为网络层具备强大的泛在能力，所以，不仅可以随时随地为用户提供服务，还可以通过各种网络技术（例如，无线网络技术、有线网络技术等）的相互结合，为用户提供智能选择接入网络的模式。

3. 应用层

应用层的主要任务是分析和处理感知层得到的信息，实现某些重要的实际应用，例如，跟踪、智能化识别、监控和管理、定位等。简言之，应用层是物联网与行业的深度融合，这和人的社会分工类似。

正是因为有了上述这3层技术架构的推动，物联网才可以获得如此迅猛的发展。而且从目前的情况来看，物联网似乎已经成为人类社会中一个必不可少的事物，正在发挥着非常重要的作用。

5.1.3 尚未实现的万物互联

约翰·奈斯曾在自己的著作《大趋势》中写下了很多预言，据《金融时报》证实，其中的大部分都已经实现。记得约翰·奈斯说过这样一句话：“你们以为我预言的都是未来，其实我只是把现状写下来，20年来我所写的都是已经发生了的事情，我所要分析的是哪些事情会长久地影响社会。”而且他十分坚定地认为，“未来构筑于现在”。

冯仑也曾说：“看见未来的人才有未来。”着眼未来，思考当下，未来的“互联网+”究竟会是一番怎样的图景？最合适的答案应该是万物互联，正如阿里巴巴总参谋长曾鸣所说：“未来图景将是如此：任何人、任何物、任何地点永远在线，实时互动。”

之前，“万物互联”的场景只能在科幻电影中看到。如今，在“互联网+”的助力下，这些已经成为现实。在这背后，除了有海量信息在全球范围内的无成本流淌，还有人与人、人与物、物与物的无限自由连接。

但是，“万物互联”真的已经实现了吗？其实并不是，一切才刚刚开始。

在首届世界互联网大会上，软银创始人孙正义预言道：“所有的事物都会通过物联网被连接起来。无论是手提电脑或者是手持的仪器，还是电脑，还是眼镜，还是衣服、鞋子、墙等所有的事物，甚至是一头牛都有可能被物联网联系起来。今天每个人大概会有两个移动设备，到 2020 年，每个人被连接的设备的数量会达到 1000 个。到 2040 年，这样的现象会非常普遍，所有的人和事都会通过移动设备联系起来。所以，所有的数据都会在云终端进行存储，是非常高的处理速度及非常大的容量。”

孙正义所预言的场景是非常有吸引力的，而事实也证明，互联网的确正以较快的速度向“万物互联”进化。在这种情况下，人与人之间的连接变得越来越紧密，连接方式也变得越来越多样化。

从人类生活的角度来看，“万物互联”不仅实现了生活的智能化，也提升了人类的创造能力。这样一来，人类可以在享受高品质生活的同时做出更好的决策。如果从企业的角度来看，“万物互联”可以帮助企业获得比之前更有价值的信息，这不仅可以大幅降低企业的运行成本，还可以进一步提升客户体验。

由此来看，“万物互联”确实拥有非常广阔的市场。思科的研究结果显示，未来10年（2015—2025年），“万物互联”在全球范围内创造的整体价值将达到19万亿美元，其中商业领域价值为14.4万亿美元。不仅如此，截至2015年，互联网连接的设备也已经达到了150亿台左右。

不过，据统计，目前连接到互联网的实物还不到1%，而尚未实现互联的实物则高达99.4%。可见，我们距离实现真正的“万物互联”还有很长的一段路要走。

5.2 用区块链解决物联网落地的难题

除了上一节提到的金融，最容易，也最可能与区块链相融合的领域是物联网。截至目前，已经有多个区块链项目在物联网领域落地并获得了非常迅猛的发展，IOTA 是其中非常具有代表性的一个。实际上，之所以会出现这样的情况，主要是因为区块链可以有效解决物联网落地的难题，区块链的优势具体包括以下3个方面：降低“物物相连”的超高运营成本、解决物联网的隐私保护问题、建立物联网新商业模式。本节将对此进行详细说明。

5.2.1 降低“物物相连”的超高运营成本

随着物联网的进一步应用，需要管理和维护的物联网设备也会越来越多，这样无论是生产商，还是运营商，或是终端用户，都面临这方面的成本压力。从目前的情况来看，大部分物联网应用采用的都是中心化的体系结构。具体来说，它是由单一的中心控制系统来存储和管理所有的数据流。

在云计算技术不断普及的影响下，物联网运营商已经可以利用云端的服务器集群，来存储和交换物联网智能设备产生的所有数据。不过，由于连接设备数量较之前已经有了大幅度增加，相关服务成本也会随之提高，有些甚至会达到无法负担的程度。

区块链为物联网提供了点对点的数据传输方式，这样一来，在进行数据同步和管理控制时，整个物联网解决方案不再需要大型数据中心的帮助。除此以外，物联网还可以利用区块链的网络来传输某些重要操作，如数据采集、软件更新等。

实际上，区块链还可以有效解决物联网的构架瓶颈问题，具体从图5-2所示的3个方面进行说明。

目前，已经成功的物联网应用虽然有很多，但现有技术还没有办法真正提供“万物互联”的能力。另外，在同一个系统中，设备与设备之间虽然可以形成互联，也可以借助互联网对数据进行传输，但现在的大部分物联网构架都是封闭式的，这在一定程度上表示，如果是不同系统中的设备，那么它们之间很难实现具有真正价值的互联互通。

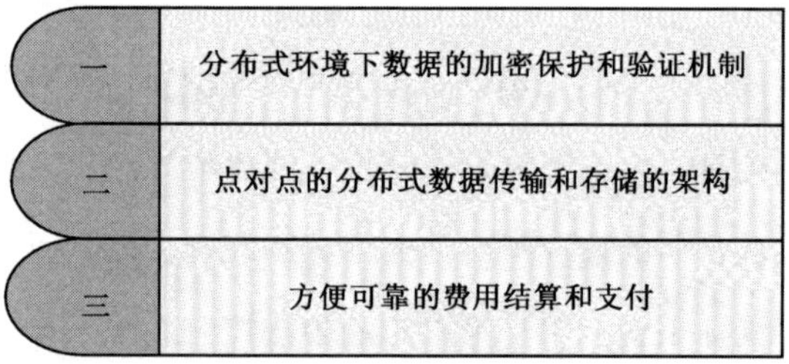

图 5-2　区块链解决物联网的构架瓶颈问题

之所以会发生这样的现象，一个最根本的原因是不同信任域下的安全问题会对物联网节点的互通性造成严重影响。具体来讲，如果通过其他运营商或个人的智能节点来对物联网传感节点的数据进行传输，这些数据很可能会丢失或者被非法篡改，从而导致系统可靠性的大幅度下降。而借助区块链的 P2P 互联网络及数据加密技术，则可以有效解决其中的信任问题。

另外，只有各方在利益分配上达成一致意见，才可以通过其他物联网运营商或个人的设备和网络来传输和存储相关数据。这也表示，物联网运营商或个人想要获得可靠收益，将会非常容易，例如，根据存储和传输的数据量收取相应的费用。

从目前的情况来看，如果各物联网运营商想实现资源共享，除需要制订一份合作协议以外，还要在顶层将双方结算的系统设计好。但必须承认的是，在“万物互联”趋势不断加强的影响下，这种两两互联的方式也开始需要越来越多的成本，以至于已经变得非常不好实现。

借助区块链的加密协议，不同所有者的物联网设备可以对数据进行直接传输。不仅如此，这些所有者还可以通过交易的方式对数据传输进行收费。另外，由于物联网区块链中还有作为结算基础单位的加密数字货币，所以，只要在出厂之前为设备加入区块链的支持，任何一家物联网设备提供商都可以在各个不同的运营商之间进行直接的货币结算。而且这里所说的结算还是全网范围内的。

5.2.2 解决物联网的隐私保护问题

很多人应该都可以感受到物联网产业的快速发展，在这种情况下，数据安全和隐私保护的问题也变得比之前更加突出。另外，在发生震惊全世界的斯诺登事件之后，由政府和大型企业控制的网络服务似乎受到了越来越多的诟病，这一点在物联网领域表现得尤为明显。

众所周知，在中心化服务构架下，中央服务器掌握着大量的监测数据和控制信号（例如，麦克风录制的通话记录、用户的心跳和血压、摄像头传输的视频信号等）。不仅如此，中央服务器还可以对这些监测数据和控制信号进行存储和转发。值得注意的是，通过中央服务器转发的信号，电视、空调、电脑等设备的开启都可以被控制，这也对人们的日常生活产生了非常重要的影响。

对于大部分物联网运营商来说，保证用户数据安全都是一项必不可少的工作。事实也一再证明，物联网运营商确实在这方面下了很大的功夫。但即使如此，安全漏洞和隐私泄露事件还是在频繁发生，这也在一定程度上导致了用户对运营服务提供商的不信任。

实际上，通过未经授权的方式，政府安全部门可以审查存储在中央服务器中的所有数据内容。此外，为了获取更多的利益，部分物联网运营商也会把用户数据出售给相关企业。而无论是哪一种行为，都会对用户的基本权利造成严重危害。在这种情况下，一些用户就会拒绝使用连入网络的智能设备。

随着区块链的兴起和发展，物联网的去中心化已经变得非常现实，只要用户数据已经经过了严格的加密处理，而且不是被唯一的云服务提供商控制，那么其安全性就会非常有保障。更加重要的是，随着大数据分析技术的广泛应用，用户已经不会再受到运营商的控制，而是可以自己利用数据的价值。

5.2.3 建立物联网新商业模式

目前，物联网似乎还停留在将设备连接在一起完成数据采集的阶段，但如果看向未来的话，人们更希望为物联网连接一些带有智能化特征的设备。具体来说，在给定的规则逻辑下，连入物联网的设备应该既可以完成各种极具商业价值的应用，又可以进行自主协作。

不过，要想实现具备商业价值的交互，拥有者就要把交易权传递给进行操作的设备。另外，这里所说的交易权传递必须是可以被直接验证的，与此同时，为了保证交易的有效性，由智能设备发出的交易请求必须被完整地记录下来。

对于中心化构架下的物联网来说，实现上面提到的自主协作和有效交易确实比较困难。之所以会这样说，主要是因为在通常情况下，这种自主协作和有效交易的相关方并不属于同一个利益主体，而不同利益主体之间的信任关系是非常复杂的，同时也不好确定。

因此，从目前的情况来看，只有在同一信任域下，物联网设备的自主协作和有效交易才可以顺利进行。换句话说，在实现自主协作和有效交易的过程中，不可以由不同的物联网运营商提供数据，也不可以由不同的物联网运营商进行授权验证。这样一来，物联网应用的商业价值就会大幅度降低，还很有可能根本无法实现。

有了区块链以后，去信任中介的直接交易可以被很好地实现，下面我以 IBM 和三星的合作为例对此进行详细说明。

IBM 和三星曾共同研制出了一个名为“自主去中心的点对点遥测”（简称“ADEPT”）的概念验证系统。为了对去中心化物联网构架的可行性进行验证，该系统还特意利用区块链技术将智能设备的分布式网络构建了起来。

另外，值得一提的是，只要是连入 ADEPT 系统的物联网设备，都可以直接进行通信，而且通信过程是既安全又高效的。不仅如此，在这些连入 ADEPT 系统的物联网设备之间，一些复杂的商业逻辑也可以被顺利实现。例如，在智能合约的助力下，对家里的洗衣机进行控制，如果洗衣粉已经用完了，可以在第一时间向供应商下单进行购买。

总而言之，借助区块链的强大力量，连入 ADEPT 系统的物联网设备之间可以直接进行某些操作，例如，确认订单、完成支付等。

通过 ADEPT 系统的例子，其实不难看出，区块链有利于建立物联网新商业模式，一旦真的建立起这样的商业模式，不仅可以方便人们的生活，还可以优化企业的服务。鉴于此，“区块链+物联网”应该会拥有非常广阔的发展前景。

5.3 有关物联网的研究

纵观国内外对物联网的研究，真可谓是数不胜数，国外有美国的“智慧的地球”、欧盟的“物联网行动计划”、日本的“i-Japan 计划”，国内有“唐芯一号”芯片的研制成功。在这些研究的推动下，物联网已经获得了非常迅猛的发展，而这也会对世界上的每一个国家产生重要影响。本节将从 IBM 提出的“物联网的五大挑战”及物付宝的开发着手对此进行详细说明。

5.3.1 IBM：物联网的五大挑战

很多人可能并不了解 IBM，这是第一个提出利用区块链解决物联网痛点的公司。在 2014 年，该公司正式发布了名为《设备民主，去中心化、自治的物联网》的物联网白皮书，其中明确提出“要建立去中心化、自治的物联网”。

此外，白皮书还对物联网的前景和机遇进行了展望，同时也指出了阻碍物联网做大做强的几个问题。如果仔细研究白皮书，我们可以发现里面充斥着非常明显的“去中心化”思想。不仅如此，白皮书里面提到的“设备民主”理念也契合了密码学与密码学货币的理念，而这些都和区块链有着千丝万缕的联系。

最重要的是，在白皮书中，IBM 还对“物联网为何需要重新启动？”这一问题进行了回答，并在回答过程中提及了物联网面临的挑战，具体包括图 5-3 所示的 5 个。

1. 连接成本

目前，除了中间人成本有了大幅度提高，中心化云和大型服务器群的维护成本也有了大幅度提高。同时解决方案的成本会变得非常高，以至于到了难以负担的程度。

2. 失去信任的互联网

前面已经说过，在物联网中，形成信任是特别不容易的，而且形成了之后还要用很高的成本去维持。另外，大多数物联网解决方案都会提供一些不利于形成信任的能力，例如，接近控制用户的设备、未经用户授权可以对用户数据进行采集和处理……

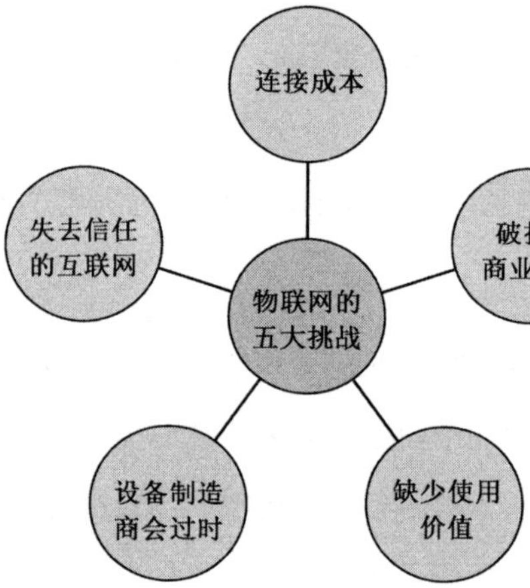

图 5-3　物联网的五大挑战

因此，为了赋予用户控制自己隐私的能力，同时也是为了物联网设备能被人们广泛应用，在设计物联网的时候，必须突出隐私和匿名性的重要性。

3. 设备制造商会过时

一般情况下，物联网设备的生命周期都会特别长，这在无形中增加了软件更新和设备维修方面的成本，同时也加重了设备制造商的负担，有可能导致设备依然在使用但制造商已经倒闭的情况。

4. 缺少使用价值

我们知道将设备简单地连接到网络，既不能使其变得更加智能，也不能使其变得更加出色。联网和智能并不是最终目的，而是一种让设备生产好产品和好服务的手段。因此，我们绝对不可以为了物联网而物联网。

5. 破损的商业模式

通常来说，大部分物联网运营商的商业模式都包括以下两种：出售用户数据和做针对性广告。事实上，无论是哪一种，都非常不切实际。之所以这样说，主要是因为普通用户也许会共享自己的数据，但企业用户一定不会。另外，大部分物联网运营商都认为，通过物联网智能设备的应用程序可以获得非常丰厚的利润，其实这样的想法是过于乐观的。因此，在破损且难以持续营利的商业模式下，物联网的发展已经受到了非常严重的影响。

如果对上述五大挑战进行总结，物联网运营商应该在以下三个方面下功夫：数据处理模式、信任机制和商业模式。具体来说，打造效率高且价格低廉的数据处理模式、创建一个可以保障用户数据安全的信任机制和制定完整且可持续营利的商业模式。

5.3.2 物付宝的开发

在人类对物联网的探索中，物付宝（Tilepay）是不得不提的一个。从本质上来讲，物付宝是在区块链的基础上，为现有物联网行业提供一种人到机器或者机器到机器的支付解决方案，从而达到实时接入支付“物联设备传感器”的最终目的。

记得物联网之父凯文·艾什顿曾经说：“物联网的价值不在于数据能否采集，而在于数据能否共享。”物付宝在此基础上进一步挖掘出了物联网的真正价值——传感器的数据。所以，物付宝的眼光可谓是非常长远。

目前，虽然数据的数量是无限的，但是人类却没有办法对其进行很好的采集。在这种情况下，一个与互联网相连的低成本传感器网络被建立了起来，而且已经遍布全世界。通过这些自动化的传感设备，计算机可以得到各种各样的信息。不过，就目前的情况来说，真正需要的应该是，在传感器网络中获取整体的图景，而这也是形成物联网的必要条件。

在物联网的整个架构中，传感器铺设是最基础的，也是最重要的。不过，从目前的情况来看，私有网络掌握着非常多的传感器，而且这些传感器只服务于单一的应用，这样一来，数据共享的物联网愿景已经被极大地违背了。

我们举两个非常简单的例子：为了确切掌握停车位的剩余数量，停车场管理公司通常会安装一个传感器网络。这样的大型设备需要高昂的安装和维护成本，但现在只能发挥最基本的作用，其中蕴藏的宝贵数据尚未被很好地利用。

某些规模较大的水务公司，很可能会把传感器安装在水龙头上，卫生组织非常希望可以通过水龙头上的传感器追踪人们的洗手频率，并使其成为相关政策的制定依据。不过，因为这些数据都是属于水务公司的，所以，卫生组织也实在是“有苦难言”。

通过上述两个例子我们可以知道，数据并没有被很好地利用起来，也没有发挥最大的作用。出现这种情况的原因主要有以下两个：

（1）市场对相关数据的极度渴求并没有引起公司的重视。

（2）物联网的商业模式存在缺陷，导致数据无法被很好地分享和交易。

基于此，一个可以进行数据分享和交易的全球数据市场应该被建立起来，而且必须以物联网为核心。于是新的问题又出现了：既然数据是由传感器提供的，那么用户在获取数据时是不是可以直接把费用付给传感器呢？

2014 年，两位瑞士学者发表了一篇名为《如何通过比特币交换传感器数据并实现传感器自盈利》的论文，里面有这样一段话：“建立一个由传感器端、请求端、传感器库组成的系统，在这个系统下传感器可将其测量数据值上传至世界范围的数据市场中，利用比特币区块链进行数据交易。”

这段话所描述的设想是物付宝正在做的——对全球物联网数据进行整合，达成设备自营利的目标，并建立起传感器与传感器之间的“支付宝”。值得注意的是，这里所说的“支付宝”必须是去中心化的。

众所周知，去中心化是区块链的四大特征之一，物付宝在此基础上建立起了一个名为 SPV（Simplfied Payment Verification）的支付系统。

在该系统的助力下，传感器可以用最快的速度加入区块链网络。不仅如此，如果人们想要注册硬件设备，只要将硬件设备传感器的 IP 地址填写清楚就可以。

在完成注册以后，所有物联网设备都会获得一个独具特色的令牌，这些令牌的主要作用是通过区块链对支付进行接收。另外，为了实现物联网数据的共享和交易，物付宝会建立一个物联网数据交易市场，同时，物联网还采取了 P2P 的方式确保数据和支付的安全传输。

可以想象，当区块链和物联网结合在一起后，任何一个传感器都可以进行数据交易。例如，某个气象站安装了一个用于监测空气质量的传感器，然后通过物付宝搭建的平台，将这些空气质量数据销售出去。而且无论是个人，还是企业，或是机构，都可以购买。试想，如果运动类应用的企业购买了空气质量数据的话，是不是可以为用户提供一条没有污染的跑步路线呢？答案绝对是肯定的。

还可以想象，各种各样的设备、传感器都和区块链相连，除可以自己付账、自动工作以外，还可以自己沟通，这一定是很好的一番景象。对于智能硬件来说，数据共享是一个非常大的难题，而区块链则可以有效解决这一问题，二者的取长补短，具有非常广阔的应用前景。

在区块链的助力下，物联网可以实现真正意义上的数据去中心化共享，同时也可以实现“机器到人”的服务共享。这不仅有利于区块链和物联网市场的拓宽，还有利于日常生活的改善及数据科研工作的开展。

不过，不得不承认的是，梦想虽然是丰满的，但现实却是骨感的。

因为物联网技术的一些弊端（例如，上下游产业链长、复杂性强等），加之区块链技术还需要一段比较长的时间才可以发展成熟，所以，梦想中的物联网世界还没有到来。但目前，物付宝已经对物联网和区块链的相关企业进行了整合，并致力于制定一个符合实际的产业标准。

另外，在软件开发方面，物付宝与来自爱沙尼亚的Ignite软件开发公司达成了深度合作，携手开发区块链技术和智能合约。不仅如此，物付宝还与谷歌达成了合作，合作成果是Thingful.net，该网站与谷歌搜索引擎非常相似，汇集了包括环境、温度、能源、湿度、风力、健康等多个方面的传感器实时数据。据悉，为了让自己的协议和功能可以获得传感器节点的支持，同时也为了让自己的数据可以在去中心化交易市场中实现自动交易，物付宝还将继续和Thingful.net合作。

在硬件产业链方面，物付宝与Filament公司达成了合作，共同进行开发区块链网络的工作，主要目的是希望物付宝的网络里可以包含Fiament 公司的所有开源硬件。除此以外，物付宝还与硬件制造商（例如，Cryptotronix、ATMEL 等）及智能穿戴设备开发商（例如，Nymi等）达成了合作，为物联网领域提供了以区块链为基础的硬件小微支付方案。

总而言之，在实现设备自营利的道路上，物付宝已经留下了越来越多的脚印，而且一个比一个坚实。当然，也正是因为这样，物付宝才可以获得如此广泛的关注，并拥有如此光明的前景。

第 6 章

区块链应用于大数据

随着共享经济的迅猛发展，“区块链+大数据”似乎已经成为一个非常明显的发展趋势。我认为这主要有两方面的原因，一方面，区块链可以解决大数据存在的几个问题，从而使其为共享经济提供更加优质的服务；另一方面，为了最大限度地体现自身价值，越来越成熟的大数据迫切需要一个应用实体。然而，作为两种相互独立的互联网技术，大数据和区块链要想真正实现深度融合，除要突破技术上的难关以外，还需要政府和企业的支持。

6.1　大数据：产业升级的动力源泉

作为一种非常关键的战略资产，大数据已经渗透到各个行业和各个领域，其深度应用不仅可以提高企业在市场中的竞争力，还可以促进中国经济的不断发展，以及相关产业的持续升级。从宏观层面来看，在大数据的助力下，经济决策部门可以准确地把握经济走向，从而制定出更加符合实际的经济决策。从微观层面来看，在大数据的助力下，企业经营决策的科学性、合理性和创新性都会有大幅度提升。

6.1.1 何为大数据

在描述信息爆炸时代产生的海量数据时，我们通常会使用大数据这一名词。众所周知，无论是企业，还是相关政府部门，都掌握着规模非常庞大的数据，这些数据的规模甚至已经庞大到无法用 GB 或 TB 来衡量。在这种情况下，大数据的起始计量单位被定为了 PB（1000TB）、EB（100 万 TB）或 ZB（10 亿 TB）。

对于大数据，研究机构 Gartner 给出过一个详细定义：“大数据是需要新处理模式才能具有更强的决策力、洞察发现力和流程优化能力来适应海量、高增长率和多样化的信息资产。”

除此以外，麦肯锡全球研究所也给出过大数据的定义：“大数据是一种规模大到在获取、存储、管理、分析方面大大超出了传统数据库软件工具能力范围的数据集合。”

我们对上述两个定义进行分析总结会发现，大数据其实是指，由于所涉及的资料规模过于庞大，目前的主流软件工具已经无法在合理时间内对其进行采集、管理、分析，并整理成为帮助企业制定经营决策的资讯。

说完大数据的定义，下面我们介绍大数据的特点。通常来讲，大数据应该具有图 6-1 所示的 4 个显著特点，另外，因为这 4 个特点的英文分别是 Volume、Velocity、Variety、Value，所以也被称为“4V 特点”。

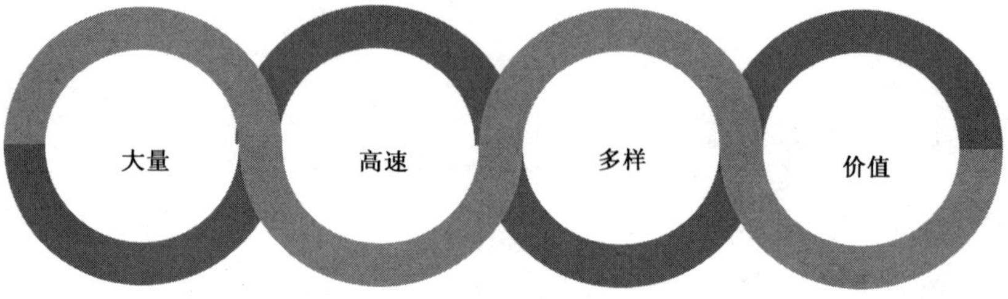

图 6-1　大数据的 4 个显著特点

从目前的情况来看，各行各业都和数据有着千丝万缕的联系，也正是因为这样，数据才成为一个重要的生产因素。不仅如此，在大数据时代，大数据应用已经涉及越来越多的领域，例如，金融、军事、通信、电商、医疗等。所以，无论是企业，还是政府相关部门，都要对大数据给予高度重视。

6.1.2　大数据的应用

上一小节我们提到，大数据应用已经涉及了越来越多的领域，本节将对这部分内容进行详细说明。在这里，最重要的也是必须要知道的应该是应用大数据的主要领域，具体包括图 6-2 所示的几个方面。

1. 医疗行业

在医疗行业当中，无论是治疗方案，还是病理报告，或是药物报告，都包含着大量的数据，另外，随着病毒、肿瘤细胞的不断进化，确诊病例和治疗方案也变得越来越繁杂。而未来，在大数据平台的助力下，医疗机构可以收集各种各样的信息，例如，病人的基本特征、各种各样的病例和治疗方案等，从而建立起一个针对疾病特点的数据库。

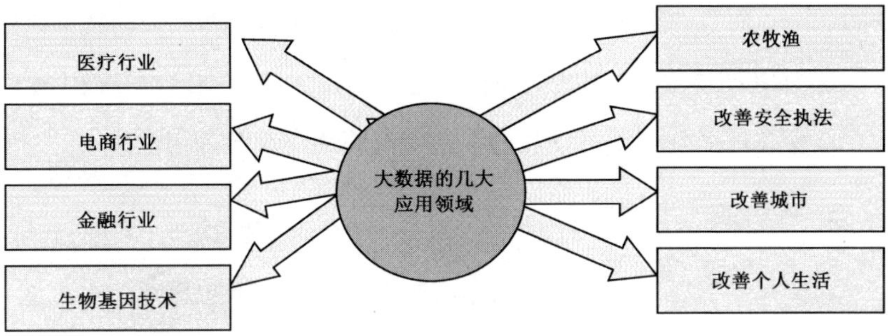

图 6-2 大数据的主要应用领域

2. 电商行业

很早之前，电商巨头就已经开始利用大数据洞察消费者的喜好，以便进行精准营销，这不仅有利于产品销售量的提高，还有利于精细社会大生产。另外，因为电商企业所掌握的数据具有集中、量大、种类多的特点，所以，电商数据会拥有一片非常广阔的应用天地，同时也会有非常多的想象空间，例如，对消费趋势和流行趋势进行预测、对销售战略进行调整、优化产品设计……

3. 金融行业

在金融行业，大数据应用占据了非常重要的地位，因为在进行股权交易时，人们通常采取的都是大数据算法。

4. 生物基因技术

未来，在战胜疾病的所有“武器”中，生物基因技术肯定是非常重要的一个。而且，有了大数据的助力以后，人体基因和其他动物基因的研究进程会大大加快。另外，值得一提的是，生物基因技术除被用于改良农作物品种以外，还可以被用于培养人类器官及消灭害虫。

5. 农牧渔

随着社会的发展进步，大数据应用到农牧渔领域也已经变得可能。从农业角度来看，应用大数据可以使“菜贱伤农”的概率降到最低，同时也可以准确预测出天气变化，从而使农民做好自然灾害的预防工作，当然，最重要的应该是，可以使单位种植面积的产出得以大幅度提高。

从牧业角度来看，根据大数据分析，牧农可以对放牧范围进行更加科学合理的安排，以便在有效利用农场的同时减少水土流失。从渔业角度来看，在大数据的助力下，渔民不仅可以更好地安排休渔期，还可以定位捕鱼范围，让渔民的收益达到最大化。

6. 改善安全执法

大数据在安全执法方面得到了非常有效的应用，具体表现为以下几点：

（1）美国安全局利用大数据打击恐怖主义。

（2）通过应用大数据工具，信用卡公司的欺诈性交易可以被有效避免。

（3）借助大数据，警察可以用最快的速度抓到罪犯。

（4）应用大数据，企业可以防御网络攻击。

7. 改善城市

在改善城市方面，大数据也具有非常好的应用前景。例如，以城市为基础的智能交通。从目前的情况来看，已经有多座城市开设了试点，主要是为了能够更好地完成大数据分析工作。

8. 改善个人生活

如果对某些生活数据进行采集、整理、分析，并应用于各个方面（例如，饮食、家居、购物、社交、出行等），那么人们的生活质量会有大幅度提升。因为在数据的基础上，所有的一切都是可以为“你”量身打造的。

实际上，在某些传统领域，大数据的巨大作用也可以发挥出来，例如，帮助工业生产实现整体上的供需平衡、实现交通领域中的无人驾驶、对能源产业中的相关情况进行精确预测和深度把握……

可以看到，大数据的应用已经涉及了很多领域，而且未来还会越来越多。在这种情况下，大数据及其应用应该被放到一个更加突出的位置上，只有这样，才可以最大限度地发挥出大数据的作用，从而产生更好的效果。

6.1.3 大数据存在的问题

2017 年 7 月，菜鸟和顺丰经过紧急会谈以后，重新恢复了数据传输合作，但即使如此，也无法掩盖背后的数据共享问题。另外，必须知道的是，现在因为中国大数据产业正处于起步阶段，发展还并不是非常成熟，所以，数据共享问题只是冰山一角。那么，除了数据共享问题，大数据究竟还存在哪些问题呢？主要包括图 6-3 所示的 3 个方面。

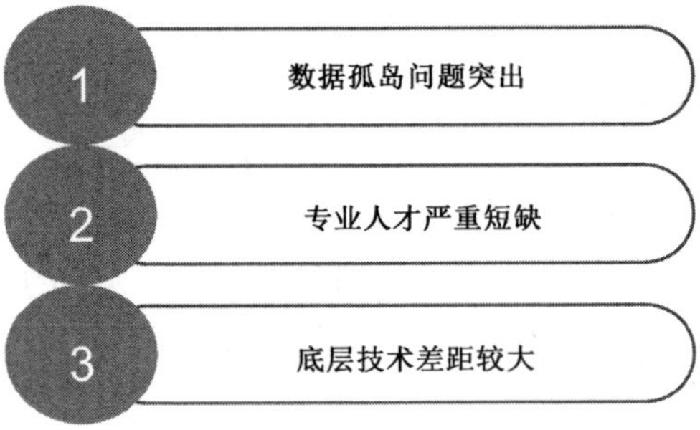

图 6-3 大数据存在的 3 个问题

1. 数据孤岛问题突出

俗话说：“巧妇难为无米之炊。”数据是大数据的基础，而且只有被共享才可以拥有“生命”。另外，如果不能获得底层数据，那么我们就无法进行数据分析。对此，中国科学院院士、北京大数据研究院院长鄂维南说道：“第一个问题就是没数据，理论上我们中国有很多数据，但实际做数据分析会发现非常困难。”由此来看，数据孤岛确实是一个十分严重的问题。

通常情况下，不同企业会用不同格式将数据存储在不同地方。在各方之间信息不对称、数据共享渠道十分缺乏、制度法律不完善等因素的影响下，很多企业和政府都不愿意公开自己手中的数据，再加上已经公开的数据还会因为某些原因而无法关联融合，形成数据孤岛就成为了一个必然结果。

此外，形成数据孤岛的原因还有另外一个——利益。从目前的情况来看，很多企业都会以保护商业机密为由而不把数据共享出来，不仅如此，一些政府部门也会因为各种各样的原因（例如，数据已经被用于商业交易、工作人员懒政等）而让数据“沉睡”。

实际上，无论是企业还是政府部门，不进行数据共享的根本原因是利益，正如鄂维南所说：“数据孤岛的痛不是技术问题，是利益问题，背后隐藏的利益导致了数据孤岛的产生。”

2. 专业人才严重短缺

近些年来，因为大数据产业正在以迅雷不及掩耳之势发展起来，再加上中国还没有建立非常完善的人才培训体系，所以，人才短缺的问题变得越来越严重。对此，鄂维南说道：“我们面临的最严重的问题是应用场景和人才的问题，应用场景的问题是需要时间，人才问题是我这么多年来碰到的最严峻的问题。”

而事实也一再证明，人才短缺的确对中国大数据产业的创新发展产生了严重影响。另外，相关数据显示，未来 3～5 年，中国需要的数据人才数量将会超过 200 万人，不过从目前的情况来看，中国大数据从业人员的数量只有 30 万人左右。数据分析已经成为中国互联网行业需求最旺盛的职位之一。

在专业人才稀缺这一大难题的影响下，越来越多的企业都开始从国外招纳贤士，当然，也有一部分企业会从传统行业挖掘跨界人才。但即使是这样，中国市场大量的人才需求也依然没能得到满足。

针对专业人才严重短缺的现象，各大高校和各种培训机构也都摩拳擦掌，不断加强对大数据人才的教育和培养。但教育和培养一批专业人才需要很长的时间，并不能一蹴而就。因此，在短期内，专业人才严重短缺的问题依然还会存在。

3. 底层技术差距较大

即使数据共享问题已经被完美解决，数据的随时取用也得以实现，数据的采集和分析依然还是大数据存在的主要问题。

微软大中华区董事长兼 CEO 柯睿杰曾说过：“数据智能并非那么触手可及。大数据来源众多、数量巨大、形式各异，要从中获得一目了然的信息，需要真正高效、可靠的数据管理和分析平台。”同时，鄂维南也曾表示：“中国的数据体量特别大，比如，中国的视频比任何国家都要多，这些数据存储困难，需要用的时候往往就没了。”

可以看到，中国确实拥有海量的数据，但如何分析并利用好这些数据也是一个不得不正视的难题。一般情况下，大数据中的数据应该是非结构化的，而且存在于多个领域，例如，电子商务、互联网、社交网络等，不仅如此，这些数据还在强随机性、多变、高维等多个方面体现出了不确定性。所以，如果想要对这些数据进行研究和分析，必须用到社会学、数学、计算机科学、经济学、管理科学等多个学科的知识，其难度显而易见。

另外，《大数据产业发展规划（2016—2020 年）》明确指出了我国大数据产业存在的一些困难和问题，具体如下：

“我国在新型计算平台、分布式计算架构、大数据处理、分析和呈现方面与国外仍存在较大差距，对开源技术和相关生态系统影响力弱；大数据应用水平不高。我国发展大数据具有强劲的应用市场优势，但是目前还存在应用领域不广泛、应用程度不深、认识不到位等问题。”

由此来看，中国虽然“坐拥”海量数据，但数据分析的技术却并不到位，而且与国外存在较大的差距。可以说，在大数据方面，技术已经走到了商业模式的前面，因此，根本无法用技术手段来推动创新。

上述3个问题在很大程度上阻碍了中国大数据产业的进步发展，如果不能尽快得以解决，很有可能会产生更加严重的后果。因此，无论是政府，还是其企业，或是个人，都应该对此给予高度的重视。

6.2 增强数据可信度

通常来讲，数据发展应该经过了3个阶段。在第一阶段，数据并没有经过充分检验，而且是无序的；在第二阶段，大数据正式兴起，可以在人工智能算法的助力下进行质量排序；在第三阶段，采用区块链机制以后，数据获得了在互联网全局基础上的可信质量。正是因为有了区块链，数据才会进入第三阶段。可以说，在人类目前获得的所有数据中，区块链上的大数据是可信度最高的一种，而且还具有很高的精确度和良好的数据质量。

6.2.1 用区块链验证数据出处和精确性

2016 年，IDC Government Insights 发布了一篇报告，该报告深刻阐述了区块链对政府数据权限管理和精确性的巨大价值，同时还指出，对于政府的数据采集系统来说，使用区块链共识机制获取和验证信息的方式是非常合适的。此外，在未来的几年内，政府会以此篇报告为依据，对区块链进行技术测试，从而挖掘出区块链的真正价值。

此前，政府数据权限并不是特别完善，信息精确性也没有保障，而在区块链的帮助下，政府长期控制数据、信息精确性无法验证的难题都可以被有效解决，正如 IDC Government Insights 报告所指出的那样：“区块链可能成为验证数据出处和精确性的核心工具，可以追踪数据升级，为不同数据领域建立真正的权威数据。”

对此，IDC Government Insights 研究主管肖恩·麦卡锡说道：“当前，政府已经对 IT 安全、信息安全、可靠性提起了高度重视，而区块链被认为是 IT 经理人的强大工具，不仅可以使欺诈得以大幅度减少，还可以最大限度地保证数据安全。更重要的是，区块链也可以拉近政府和公民之间的距离，进而形成一种全新的关系。”

IDC Government Insights 报告显示，在改善数据真实性和精确性方面，区块链可以发挥出非常大的作用。这主要是因为区块链可以对代表有价物品的不同实体进行转移和监控，而且还可以保证审计跟踪的稳定性。

在跟踪实体活动的时候，区块链采取的是共享记录的方式，这样就可以保证实体活动不会受到未授权更改及黑客攻击的影响。如果在 P2P 网络的助力下建立了共享的权威版本，那么众多节点就会一起工作以确保数据的完整性。

区块链的共识协议会对活动的有效性，以及是否可以添加到区块链中进行检查，通过检查以后，区块链会把这个权威记录和其他信息放在一起进行核对。

毋庸置疑，区块链可以在土地登记、版权、智能合约、病历等多个方面发挥作用，但 IDC Government Insights 报告似乎将焦点放在了图 6-4 所示的 3 个方面。

图 6-4　IDC Government Insights 报告的焦点

1. 数据精确性

对于任何类型的数据而言，精确性都是一个关键特性，这不仅可以表示任意对象的数据值记录都是正确的，还可以表示形式、描述对象、内容都是一致的。

2. 数据权威性

区块链为数据赋予的权威性不仅详细说明了数据出处，还对数据所有权及数据最终权威版本的位置进行了明确规定。

3. 数据访问控制

我们知道，区块链不仅可以跟踪公共信息，还可以跟踪私人信息，具体包括可以更新数据的人、数据对应的交易、数据本身的详细信息等。

从目前的情况来看，政府刚刚开始对区块链解决方案的实际能力进行测试，测试重点放在了数据保护、权限管理两个方面。另外，根据 IDC 的预测，区块链解决方案原型搭建的关键推动者应该是系统集成商。

针对区块链解决方案，肖恩·麦卡锡总结道：“我们建议企业和政府机构把区块链解决方案的机遇及价值研究纳入第三平台战略，可以借助内部战略文件的力量，确定区块链的实际意义及应该遵循什么样的实施路径。”

可以看到，在政府数据方面，区块链可以发挥比较大的作用，一方面，有利于解决数据权限问题；另一方面，有利于保证数据的精确性。实际上，任何事物都有“举一反三”的特性，这就意味着，区块链既然可以在政府数据方面发挥这样的作用，那么在其他数据方面也同样可以发挥作用。

6.2.2 区块链与大数据共建未来信用

区块链改变了人与人之间的信任方式，这一点是毋庸置疑的。

在当今世界上，信用可谓是一个既稀缺又昂贵的资源，而人类也曾为此付出过非常大的代价。另外，为了最大限度地规避道德风险，摆脱信任困境，一笔交易必须被拆分成多个环节，形成多个交易主体。

前面我们已经说过，区块链不仅是一项技术，也是一种数据库，更重要的是，它还可以建立信任，从而实现价值的转移和传递。而大数据也可以通过分析和处理相关数据，建立起数据的一种智能。那么，二者既然有如此多的相似之处，是不是可以很好地融合在一起，从而推动整个互联网经济的发展呢？答案是肯定的。

在商品经济的发展过程中，信用是一项必不可少的资源，而在交易支付领域，以点对点网络和开源系统为基础的区块链则掌握着去中心化、加密安全、不可篡改、去信任机制等诸多优势。这样看来，在区块链的助力下，基于信任需要的交易环节可以有所减少，从而大幅度降低了交易成本。

一些专家学者认为，信用需求的不断扩大是区块链出现的一个重要历史原因。在商品经济时代，商业模式是物物交换，但这种商业模式需要非常高的运输成本。鉴于此，降低交易成本成为市场经济的首要考虑因素。于是，商业模式开始转变为利用信用建立交易。

金融的基础是信用建立，而传统的信用建立则必须依靠中央银行、人民法院、商业银行等“中心”。不仅如此，传统的信用建立也需要非常高的成本，尤其是金融基础设施建设成本。如果金融基础设施建设不完善，那么不喜欢或不习惯随身携带现金的人独自外出，很可能会遭遇不能消费、无法在酒店入住等情况。

互联网金融在市场上出现后，获得了非常良好的发展。拿微信来说，其主要特征是通过大数据来建立信用。可以说，对于互联网金融而言，大数据金融是一个非常重要的基础，既降低了信用建立的成本，又加快了信用建立的速度，更重要的是，还提高了信用建立的质量。

不过，信用建立也不能一直依靠某个（些）“中心”，因为如果中心化程度过高，很可能引发信息不对称的问题，从而对参与方及其他人的利益造成损害。而区块链则利用自身所具有的去中心化特征，有效地解决了这一问题。

我们知道，只要是在区块链系统中完成的交易都会被盖上“时间戳”，此举可以避免重复支付等现象的发生。因为一旦发生重复支付的现象，就会产生矛盾，在这种情况下，系统就会将其识别为非法交易。

在某些利益规则的影响下，矿工会给每一笔交易盖上“时间戳”。这里需要说明的是，通过竞争得到的合法记账权的奖励是矿工的利益。当然，全网其他矿工也要同步这次记账信息，然后去争夺下一个区块记账权。

可以看到，通过全网作证的方式，区块链实现了对信用体系的重新构建，而且这种方式的代价只有计算资源。在人们对下一代阿里巴巴和下一代微信进行激烈讨论的时候，却并没有意识到，一个真正去中心化的系统才是最有价值、最有可能的“下一代”。

到了那个时候，通过加密算法，区块链可以记录和存储用户在任何 App 上产生的数据。而且由于私钥是由用户自己掌握的，因此，他们可以随意使用这些数据。例如，如果某个用户想要向银行贷款，他只要把自己的公钥和私钥提供给银行，银行就可以对区块链系统上的大数据进行分析，从而获取贷款人的信用情况。

在未来，通过区块链系统上的大数据，生活在地球上的每一个人都会获得信用。此外，区块链还可以为每一个人做公证，例如，公证某个人和自己女儿的母女关系，公证一旦完成，相关信息就会在很短的时间内成为区块链上的数据，而且还会在全网公开。在这种情况下，除非有人可以控制全网 50%以上的算力，否则这对母女的身份关系就不会被篡改。

在区块链大数据时代，全网公证是建立信用的一种绝佳手段。对于传统信用体系而言，这是极具颠覆性意义的。另外，区块链上的大数据可以将信用赋予每一个人，而区块链也会成为全球金融的基础架构。

6.3 解决大数据风控弊端

作为一个去中心化的分布式数据库，再加之自身所具备的去中心化、不可篡改、开放自治、匿名等特性，区块链正在受到越来越多的关注。可以说，在解决大数据无法解决的诸多技术壁垒方面，区块链具有得天独厚的优势。更加重要的是，区块链也可以有效解决大数据风控的很多弊端，例如，数据质量低下、数据孤岛、数据泄露等，本节将对此进行详细说明。

6.3.1 改善数据质量

众所周知，区块链中的每一个节点都可以记录和存储交易信息，不仅如此，为了验证交易数据的真实“身份”，这些节点也可以对交易数据进行检查。在这种情况下，数据的真实性和有效性就有了很大的保障。另外，由于区块链具有去中心化的特征，因此，无论是谁都不可以对区块链上的数据进行篡改，这样数据篡改的可能性就被降到了最低。

可见，在区块链的助力下，数据的公开性、安全性都有了大幅度提升，而这也带来了数据质量的提高，以及数据检验能力的增强。除此以外，区块链还可以有效解决图 6-5 所示的 4 个数据问题。

图 6-5　区块链可以解决的 4 个数据问题

从某种意义上讲，当区块链解决了图 6-5 中的 4 个数据问题以后，数据质量还可以有更大程度的提高，这一点也有相关案例可以验证。

2018 年年初，瑞穗集团与科技巨头日立达成了密切合作，共同开发出了一个以开源超级账本为基础的区块链系统。据悉，该系统的最终目的是为每一位工作人员提供每一个交易记录，从而提高整体的工作效率。

从目前的情况来看，日立设计的功能很多，例如，记录物件、确认订单、生成并批准单据等。不过，在技术问题的影响下，这些功能并不能保持一个良好的运行状态。因此，为了对数据采集功能进行改进，同时也是为了对开发商用版本进行指导，日立准备把其 Lumada 物联网平台整合到该系统中。

值得一提的是，在该区块链系统的助力下，瑞穗集团记录和存储了大量的有效数据。因为这些数据都具有非常大的使用价值，所以，它们可以在一定程度上推动瑞穗集团的持续发展。

记得 OKLink 分析师曾说过："区块链技术拥有高可靠性、简化流程、交易可追踪及改善数据质量等特质，使得其具备重构金融业基础架构的潜力。”鉴于此，全球各大企业都在积极探索区块链技术，而且还采取了多种多样的方式，例如，与区块链技术提供商共同搭建内部解决方案、投资区块链技术初创企业、设立区块链实验室等。我们认为这些企业很有可能会成为各大区块链联盟的中坚力量。

6.3.2 解决数据孤岛问题

前面我们已经说过，大数据存在非常严重的数据孤岛问题，而区块链则有望解决这一问题。之所以会这样说，主要是因为区块链不仅是一个分布式账本，而且还具有去中心化、开放性等特征。

在区块链的助力下，信息传递到金融市场参与者的过程会变得越来越公开透明。不仅如此，作为金融市场中的秩序维护者，监管机构还可以通过区块链中的数据链条来预测和分析可能出现的风险问题，并制定出相应的规避措施，以此来保证金融市场的正常运行。

可以看到，区块链的去中心化的特征，不仅能够解决大数据中的数据孤岛问题，还可以实现不同主体间的信息共享，从而进一步完善现有的风控模式。

另外，在区块链的巨大影响下，区块链创业公司像雨后春笋般不断涌现。不过，对于区块链创业公司来说，提供完善的区块链解决方案是可以的，但这些解决方案能否顺利落地还是一个未知数。

可以说，区块链目前的发展状况与20世纪90年代互联网的发展情形非常相似，其对行业、政府、企业的改变是一定会发生的。到 2020 年，不仅区块链创业公司的数量可能会大幅度增加，区块链联盟的数量也可能会有所增加。

在维护一个可靠数据库时，区块链采取了去中心化和去信任的方式，这也注定了区块链与大数据融合在一起是必然的。甚至可以说，区块链的诞生是对大数据的重构。

6.3.3 解决数据泄露问题

从本质上来讲，区块链其实是一个去中心化的数据库，因此，如果区块链中的某个节点对数据“动了手脚”的话，那么其他节点会在第一时间发现，这样数据泄露的可能性会大幅度降低。

只有通过私钥的形式，区块链中各个节点的身份信息才可以被成功获取，而且私钥还是数据拥有者才可以知道的。在这种情况下，即使数据已经泄露出去，但如果私钥没有被泄露的话，那些已经被泄露的数据也没有办法与节点身份进行匹配，因此，它们并没有任何使用价值。

另外，区块链只能被那些计算力超过 50%的黑客攻破，不仅如此，随着区块链节点的不断增多，所需的节点力也会越来越大。当节点增多到一定数量时，发动一次攻击的成本就会变得非常高，对于黑客而言，这其实是得不偿失的。由此来看，通过区块链对数据存储技术进行加密，可以最大限度地确保数据安全，从而把数据泄露的风险降到最低。

可以看到，区块链确实可以有效解决数据泄露问题，再加上前面已经讲到的改善数据质量、解决数据孤岛问题等强大作用，区块链已经受到越来越广泛的关注，很多企业也都忙着在相关领域布局，Enigma 项目就是其中的一个优秀产物。

Enigma 项目是由麻省理工学院的研究生 Guy Zyskind 研发的。据悉，该项目还得到了创业家 Oz Nathan、麻省理工学院教授亚历克斯·彭特兰的支持和帮助，该项目可以在保护客户隐私的前提下，帮助有需要的公司分析客户数据。

用户可以通过 Enigma 项目在市场上售卖大型计算与统计的加密数据，而且在售卖过程中不会发生数据泄露问题。另外，Enigma 项目团队还表示，会在不久的将来推出一个 beta 测试版。

在 Enigma 项目的白皮书中，Guy Zyskind 写道：“当隐私安全及自动控制得到保证，安全措施也已经增加以后，用户可以销售自己的数据地址。例如，想要寻求临床试验病人的药剂公司，可以对基因数据库进行检索。市场可以为数据交易消除摩擦、降低成本，并提供新的收入流。”

为了让数据分往不同的服务器，同时也是为了不让机器提取基本信息，Enigma 项目使用了安全多方计算的密码技术。不过，节点仍然获得共同计算数据的授权功能。对此，Enigma 项目团队在白皮书中指出，“如果将数据分往不同的服务器，那么就可以在不泄露数据的情况下将功能传送给其他节点。”同时还表示，“没有任何团体可以拿到整体数据，这也表示，任何一个团体都只能获得一些没有任何意义的数据”。

对于公司而言，Enigma 项目具备存储客户数据和信息的作用，通过许可系统让工作人员或合作伙伴对大量记录进行分析，而且还不必担心会有数据泄露的风险。此外，银行也可以根据计算标识贷款承保原则，并在用户提供的加密数据基础上执行自动脚本，所以，申请者根本不会共享他们的财产细节数据。

针对 Enigma 项目，Guy Zyskind 曾强调："用户可以贷款、储蓄加密货币，还可以购买投资产品，这些都由区块链自动控制，而且没有任何泄露财产情况的风险。"

可以说，"区块链+大数据"是解决大数据风控弊端的最佳模式，同时，该模式还可以大幅度提升金融业务风控能力，从而推动金融行业的不断发展。

6.4 用区块链解决大数据交易问题

近年来，随着大数据交易所的不断增多，大数据也已经变成了一种革命性的商品。但是，在这华丽"外表"的背后却隐藏着并不如人意的事实，因为那些在传统思维基础上的数据交易弊端根本没有显露出来。在这种情况下，如何从根本上解决大数据交易问题成为当前的重中之重。而区块链似乎就可以担此重任，一方面，区块链可以实现对数据的追根溯源；另一方面，区块链可以实现对静态数据的隔离验证。

6.4.1 追溯数据的源头

在数据交易的过程中，数据提供方都会有一个这样的顾虑：数据被发送出去以后，很可能会通过其他渠道流入二级市场，并且被转卖的次数越多，数据价值越小。另外，在现有技术的基础上，数据的可复制性和二次传播还没有办法完全避免，再加上数据价值会随着传播次数的增多而不断减小，所以数据提供方根本不愿意，也害怕将数据提供出来进行交易。

简言之，数据提供方不想进行数据交易的原因主要包括以下两点：

（1）二次传播导致数据价值的不断减小。

（2）为了获取原始数据全集，数据接收方会进行多次购买。

众所周知，马太效应会在数据本身的量级上展示出来，如果不能有效解决数据溯源问题的话，数据接收方必然会分次获取数据全集，从而对数据提供方的数据交易价值产生严重影响。从目前的情况来看，在商业协议的保护下，数据虽然可以不被二次转卖，但由于举证困难，如果数据接收方违约，数据提供方根本无法追责。

俗话说得好：“罗马不是一天建成的。”在现有技术不能避免数据被二次复制和转卖的情况下，让数据具备可溯源性特征也是一种非常不错的过渡手段。当出现数据接收方蓄意违约的现象时，数据提供方如果具备举证手段，可以在很大程度上消除其进行数据交易的顾虑。

一个非常有效的实现方法是通过区块链的不对称加密技术，对需要交易的数据进行签名，具体包括以下几个环节：

（1）数据交易双方针对签名算法进行协商，例如，使用 AES128。

（2）数据接收方生成自己的公钥和私钥。

（3）数据接收方将自己的公钥和私钥同时提供给数据提供方。

（4）数据提供方使用私钥对数据关键字段进行签名。数据关键字段包括枚举类型、ID 类型等。值得一提的是，数值类型应该保留明文，然后将已经签过名的数据出售给数据接收方，原始数据则由数据提供方保留。如果举一个实际例子的话，那么原始数据应该是，姓名：小王、籍贯：北京、身高：182；而生成的可出售数据应该是，姓名：私钥（小王）、籍贯：私钥（北京）、身高：182。

（5）数据接收方购买到加密数据以后，把自己系统内的关键数据用私钥签名进行转换，以便供数据衔接使用。

（6）如果市场上出现相关出售数据，那么数据接收方可以通过公钥对数据进行验证，根据公钥和私钥的验证结果，了解数据究竟出自哪一个数据提供者。

这种方法虽然可以对具体的数据提供方进行验证，但也存在一个问题：如果数据接收方充满恶意，妄图同时掌握私钥和公钥的话，那么数据提供方很有可能遭到陷害。这也表示，要想真正实现数据的追根溯源，除了需要区块链的助力，还需要监管机构的公证。

6.4.2 静态数据的隔离验证

比特币的隔离验证 BIP 是隔离验证一词的来源，很多专家学者都认为，隔离验证可以引入到静态数据交易中。接下来我们将对此进行详细说明。

从目前的情况来看，对静态数据进行交易是特别困难的。因为静态数据涉及了太多的用户隐私，所以使数据提供方和数据接收方承担大量的监管风险。另外，从法律层面来看，很多静态数据都处于灰色地带，而且其中大部分都产生于政府职能部门。

在这种情况下，如果我们可以使用隔离验证技术，将那些合法且可以出售的数据进行隔离验证处理，那么就可以在保护用户隐私的同时，为数据接收方的合法使用提供保障。

这方面我们可以使用静态数据哈希，将不能被泄露的用户隐私数据进行哈希，使数据接收方只有在拥有某些数据的情况下，才可以借助哈希比对获取一条数据记录的其他字段，从而实现与隔离验证相类似的功能。

可以看到，在解决大数据交易问题方面，区块链确实有着得天独厚的优势，而且也可以发挥真正的作用。一方面，区块链可以追溯数据的源头，从而保证数据提供方和数据接收方的利益；另一方面，区块链可以实现静态数据的隔离验证，从而降低数据交易中的风险。

第 7 章

区块链与人工智能的结合

Matrix首席人工智能科学家邓仰东曾经说过：“人工智能是现在最炙手可热的高科技名词，也是可以确认的、最重要的未来科技发展方向。”确实，从目前的情况来看，人工智能已经应用到了各个领域，例如，金融、娱乐、出版等。实际上，这些应用的背后还隐藏着大数据这一强大推动力。然而，除大数据外，区块链也让人工智能发生了不小的变化，本章对此进行详细说明。

7.1 人工智能：算法的革命性发展

众所周知，一项新技术的产生与成熟往往会经历一条名为“Gartner曲线”的过山车式发展轨迹。但是，人工智能似乎打破了这一常规，其发展轨迹要更加“销魂”，可谓是三起三落。当然，人工智能发展轨迹的第三落还没有到来，也不一定会到来。本节介绍人工智能的发展阶段及其应用领域。

7.1.1 人工智能的发展阶段

在当下这个大数据时代，数据规模似乎已经大到无法想象，如果企业或机构想对这些数据进行精准分析的话，那么就少不了人工智能技术的支持和帮助。从定义上来讲，人工智能是在智能学习算法的助力下，对大量数据中的经验进行总结，并用其改善系统自身的性能，从而实现人类智慧所能完成的事情。可以说，对于人工智能而言，最离不开的是数据分析、机器学习。此外，值得一提的是，对智能数据分析的理论和方法进行研究也已经成为人工智能的一个必要基础。

从目前的情况来看，人工智能在各个领域的地位正在变得越来越突出，其强大作用也受到了越来越广泛的关注。与此同时，对人工智能进行深入了解就变成了一件非常重要的事情。实际上，要想深入了解人工智能，最好是从其发展阶段着手。那么，人工智能究竟经历了哪些发展阶段呢？具体如图 7-1 所示的 3 个发展阶段。

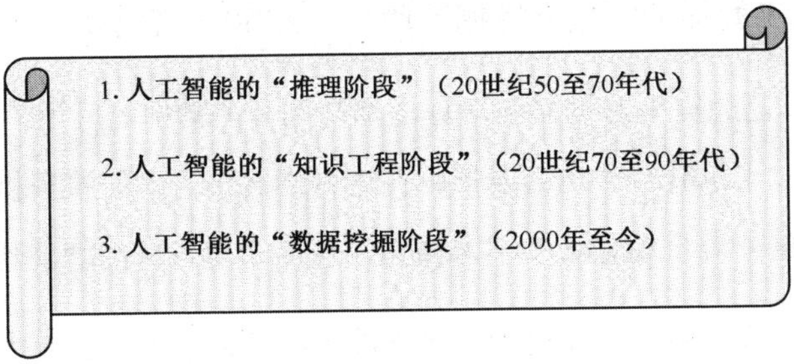

图 7-1　人工智能的 3 个发展阶段

1. 人工智能的“推理阶段”（20 世纪 50 至 70 年代）

这一阶段，大多数人都认为，实现人工智能只需要赋予机器逻辑推理能力即可。因此，机器只是具备了逻辑推理能力，并没有达到智能化的水平。

2. 人工智能的“知识工程阶段”（20 世纪 70 至 90 年代）

这一阶段，人们普遍认为，只有让机器学习知识才可以实现人工智能，在这种情况下，大量的专家系统被开发了出来。之后，人们逐渐发现，给机器灌输已经总结好的知识并不是非常容易。

举一个比较简单的例子，某家企业想要开发一个诊断疾病的人工智能系统，首先要做的是找一批经验丰富的老医生总结与疾病相关的知识和规律，然后将这些知识和规律灌输给机器。不过，在总结知识和规律的环节，该企业已经花费了巨额的人工成本，而机器只不过充当了一台自动执行知识库的工具，根本无法取代人力工作。由此来看，这一阶段同样也没有实现真正意义上的智能化。

3. 人工智能的“数据挖掘阶段”（2000 年至今）

目前，已经提出的机器学习算法都得到了非常好的应用，不仅如此，深度学习技术也获得了迅猛发展，在这种情况下，人们希望机器可以通过海量数据分析自动总结并学习知识，从而实现自身的智能化。

这一阶段，由于计算机硬件水平的大幅度提升，再加之大数据分析技术的不断发展，机器已经可以对数据进行采集、存储、处理，而且水平还相当高，AlphaGo 就是验证这一点的最佳范例。

可以看到，从最初的“推理阶段”到现在的“数据挖掘阶段”，人工智能一直都是在进步的，其智能化水平也在不断提高。而这也在一定程度上表示，人工智能拥有着非常广阔的发展前景，未来定会发挥越来越重要的作用。

7.1.2　人工智能的应用领域

在人们的日常闲谈中，人工智能这一话题的出现次数正在不断增多，与此同时，各大媒体也都更愿意报道与人工智能有关的新闻。可以说，人工智能已经渗透到人们生活的方方面面。讲到这里，可能就会出现一个问题：人工智能究竟被用在哪里了呢？具体如图 7-2 所示的几个领域。

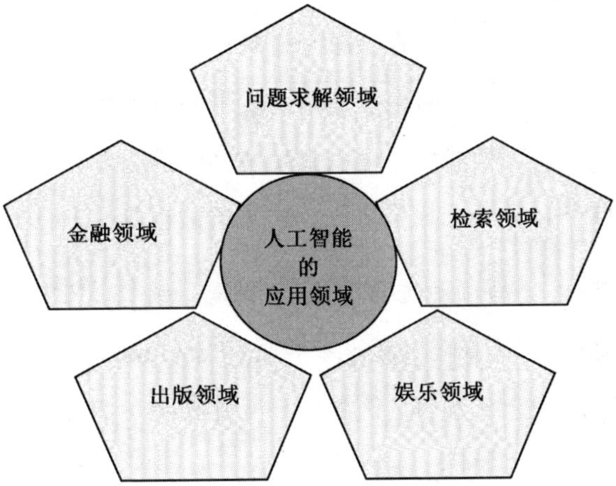

图 7-2　人工智能的应用领域

1. 问题求解领域

下棋程序被看作人工智能的第一大成就，诸如“向前看几步”“对问题进行搜索和归纳”“将难度比较大的问题分解成一些难度比较小的子问题”这样的人工智能基本技术都可以应用在其中。目前，人工智能程序虽然可以下好各种方盘棋和国际象棋，但与人类棋手相比，还是欠缺了洞察棋局的能力。

为了使求解变得更加容易并以最快的速度解决问题，人们经常可以找到某种思考问题的方法。而到目前为止，人工智能程序也已经能对解答空间进行搜索，从而找到较优的解答。我们认为，在寻求解答方面，人工智能程序做得非常出色。

2. 金融领域

人工智能在金融领域的应用主要体现在以下两个方面：投资顾问和交易预测。其中，人工智能在金融投资顾问方面的应用，指的是在智能算法的基础上为客户提供各种咨询服务。主动投资是人工智能的一个显著特点，因此，人工智能程序可以主动为客户挑选最合适的投资类型和投资风格。此外，在量化投资方面，人工智能也具有非常明显的优势。

人工智能在交易预测方面也已经取得了许多亮眼成绩，例如，Senoguchi 的预测准确率已经超过了 60%，Rebellion 曾预测了 2008 年的股市崩盘，长信基金旗下的量化混合基金在实现人工智能的同时提升了业绩……

3. 出版领域

2017 年，谷歌为英国和爱尔兰国家通讯社投资了 80.6 万美元，据悉，该笔投资的主要用途是支持一个名为“记者、数据与机器人”的项目。另外，由于获得了人工智能写稿软件的帮助，英国和爱尔兰国家通讯社的工作效率已经有了非常明显的提高，每月都可以创作 3 万条极具吸引力的新闻。

在创作数据题材的新闻稿时，人工智能机器人会略胜人类一筹，不过，在创作深度分析及人文方面的稿件时，人类的优势就会显现出来，而人工智能机器人则显得“稍逊风骚”。对此，专门研究新闻自动化生产的尼尔·瑟曼教授表示，人工智能机器人产出的报道质量并没有想象中的那么高。由此看来，目前的人工智能机器人只能与人类合作来创作新闻稿，还不会完全取代人类。

4. 娱乐领域

游戏是一种十分常见的娱乐活动，众所周知，“游戏技术+计算机技术”的产物是“计算机游戏”或“视频游戏”，“游戏技术+网络技术”的产物是“网络游戏”，而“游戏技术+人工智能技术”的产物则是“智能游戏”。从目前的情况来看，游戏中的角色基本上可以分为两种类型，一种是由人类通过操纵杆等输入设备控制的玩家角色，另一种是不由人类控制的非玩家角色。这里所说的非玩家角色是智能游戏的主要体现者。

5. 检索领域

检索与人工智能结合在一起生成了智能检索。随着信息手段的迅速提升，以及科学技术的不断发展，信息和知识的数量也变得越来越多。在这种情况下，如何从这些海量的信息和知识中尽快找到所需要的内容，就成为一个亟待解决的难题。传统的人工检索方式已经无法满足人们的更高级的检索需求，人们迫切需要智能检索技术和智能检索系统的帮助，只有这样，才可以使检索工作快速、准确、有效地完成。

当然，从目前的情况来看，人工智能的应用领域并不仅限于上述几个，未来也会变得越来越多。可以说，一旦人工智能真正在某些领域落地，不仅会推动社会生产力的发展，而且还会对生活中的方方面面产生深刻影响。

7.2　人工智能如何改变区块链

作为同时代的两个热点，人工智能和区块链已经受到了广泛关注。那么，既然两者都是热点，也都受到了广泛关注，是不是就可以结合在一起以便发挥更大的作用呢？答案是肯定的。事实证明，人工智能确实改变了区块链，这主要体现在以下 3 个方面：优化能源消耗、保障系统固定结构的安全、分布式学习系统提高工作效率。当然，这也从侧面反映出，如果企业可以将人工智能应用添加到区块链中，那么企业就更容易占据市场上的优势地位。

7.2.1 优化能源消耗

在数字时代来临及技术不断进步的影响下，需要处理和分发的数据变得越来越多，也越来越复杂，例如，一些现代化软件系统的代码行数已经达到了百万级。企业在维护这些数据时，不仅需要大量的软件开发人员，而且还会用到大型数据中心，这也意味着要消耗许多能源，并占用大量的财务资源。

鉴于此，兰卡斯特大学的数据科学专家开发出了一款人工智能计算机软件。据悉，即使在没有人工输入的情况下，该软件也可以用最快的速度完成自组装，并形成效率最高的形式。当然，这也有利于人工智能系统能效的大幅度提升。

据了解，这一人工智能系统被命名为 REx，其基础是机器学习算法。在接到一项任务以后，REx 会在第一时间查询庞大的软件模块库（例如，搜索、内存缓存、分类算法等），进行选择，最终将自己所认为的最理想形态组装出来。研究人员还为这种算法起了一个非常合适的名称——“微型变种”。

巴里·波特是兰卡斯特大学计算和通信学院的一名讲师，针对 REx，他曾说过：“人工智能系统学习了所有一切。利用这些‘微型变种’去自动组装最理想的形态，我们看到，REx 自主开发了能完成任务的软件设计。”同时还表示，人工智能可以用在多个层面，这可以减少人力的消耗，甚至根本不需要人工参与。而 REx 可以自动完成需要完成的任务，这也会对数据处理中心的能效产生深刻影响。从目前的情况来看，能耗的优化已经和全球能耗的 3%达到了同一水平。

可以看到，REx 在很大程度上解决了能源消耗方面的问题，正如波特所说的那样：“随着我们更频繁地连接设备，进入物联网时代，需要处理和分发的数据量正迅速增长，数据中心的千百万台服务器也因此需要消耗大量能源。类似 REx 的人工智能系统能找到各种场景下的最佳性能，提供新方式，大幅减少能源需求。”

实际上，在人工智能系统的影响下，人类与数字世界打交道的方式已经发生了颠覆性的变化。例如，大幅度提升了上网的安全性、加快了医生查询研究数据库的速度等。可以说，在当下这个技术时代，技术才是解决问题时的最佳“搭档”。

通过 REx 这一人工智能系统的例子，人工智能在优化能源消耗方面的强大作用已经得到了证明。因此，人类有理由相信，人工智能同样可以应用到区块链领域，这将大幅度减少采矿硬件的投资。

7.2.2 保障系统固定结构的安全

近些年，随着人工智能的不断发展，人们对其的熟悉程度也越来越高。Venture Scanner 提供的数据显示，2014 年，人工智能领域的全球投资额为 10 亿美元，与 2013 年相比，增长了近 50%；2015 年，全球人工智能公司获得的投资额已经超过了 11 亿美元，如果把这个数据与过去

20年全年投资总额相比，已经超过了其中17年的投资总额；到2020年，人工智能的市场规模将会超过千亿元。通过上述数据可以看出，在未来10年或者更久的时间，人工智能将是各行各业都要争抢的热点，同时也会成为智能产业技术发展的重要突破点。

2018年3月，AIC数字资产公司公布了一份资料。该资料显示，此公司正想方设法实现人工智能与区块链的融合，而且已经取得了比较不错的成果。对此，相关开发人员表示，在人工智能的助力下，区块链的整体安全性已经得到了大幅度提高。

另外，AIC数字资产公司的一位高层管理人员说过："区块链这个技术诞生至今，都没有人工智能的能力。第一代区块链是比特币，虽然创新性地创造了一个分布式的金融体系，但是脚本语言简单，只能做简单的转账、支付；第二代区块链是以太坊等经过优化的平台，试图通过扩展脚本、虚拟机等方式来解决拓展区块链的功能，如编写智能合约、开发去中心化应用等，但是以太坊因为在链上运行，运算能力、存储能力和网络能力还都比较弱，尚不具备人工智能的语义理解、机器学习和多层神经网络等能力。

通过人工智能技术努力打造第三代区块链技术，到目前为止，真正意义上做这件事情的人还没有，首先是因为这的确是个技术硬骨头，很难啃下来；其次，行业还有一些浮躁和泡沫，很多人选择容易做、容易圈钱的事情，不愿意去碰这块技术硬骨头。而我们都是沉得住气的人，我们不去赶潮流，我们的愿景很简单，就是让区块链用上人工智能。"

可见，AIC数字资产公司希望可以借助人工智能打造出第三代区块链技术，并使其发挥出比前两代区块链技术更加强大的作用。也就是说，一旦打造出第三代区块链技术，无论是能源消耗的优化程度，还是系统固定结构的安全性，都可以有一定程度的提升。

7.2.3 分布式学习系统提高工作效率

比特币的开发者兼创始者中本聪提出过一项名为“交易剪枝”的空间回收技术，该技术可以从根本上删除那些不必要的完全化交易数据，所以被认为是一种非常可行的解决方案。不过，人工智能可以引入诸如联合学习等一系列新的分布式学习系统，在这些分布式学习系统的助力下，不仅区块链的工作效率可以得到极大提高，而且系统固定结构的安全也有了保障。由此来看，与“交易剪枝”相比，人工智能的优势更加明显。

前面已经提到了人工智能改变区块链的 3 个方面：优化能源消耗、保障系统固定结构的安全、分布式学习系统提高工作效率。实际上，除了这 3 个方面，人工智能还能使区块链发生其他方面的改变。下面以医疗方面为例进行介绍。

众所周知，在日常医疗数据的存储和使用过程中，总是会出现各种各样的问题，例如，黑客攻击、电子病历没有被及时更新、临床医生出现失误等。为了解决这些问题，同时也是为了保证和提升日常医疗数据的质量，医疗机构通常都会使用某些结合技术，而“区块链+人工智能”就是其中极具代表性的一项。

前面已经说过，区块链可以记录和存储大量的数据和信息，而且可以保证这些数据和信息不被篡改。如果将其放到医疗方面来看的话，区块链可以有效防止日常医疗数据被篡改，从而保证了日常医疗数据的质量。而加入了人工智能的区块链则可以在这方面发挥更大的作用，例如，用更快的速度记录和存储日常医疗数据、用更短的时间分辨出数据是否被篡改……

可以看到，人工智能可以在一定程度上改变区块链，反过来，区块链可不可以改变人工智能呢？答案是肯定的，这一点我们将会在下一节进行详细说明。

7.3 区块链如何改变人工智能

2017 年，人工智能的广阔前景被发掘了出来；2018 年年初，区块链的广阔前景又被发掘了出来。这两项拥有广阔前景的技术终于在接连到达关键转折点之际被结合在了一起。若谈及区块链对人工智能的改变，似乎主要体现在以下 3 个方面：去中心化的数据共享、测试和模型的数据溯源、让训练数据和模式成为知识产权资产，本节我们将对此进行详细说明。

7.3.1 去中心化的数据共享

人工智能对数据的喜爱程度是非常高的，数据越多，模型越完善。但是，数据一般是孤岛式的，在当下这个“数据堪比护城河”的时代更是如此。不过，在区块链的助力下，传统的孤岛之间已经实现了数据共享。值得一提的是，这里所说的数据共享很可能会出现在如图 7-3 所示的 3 个场景中。

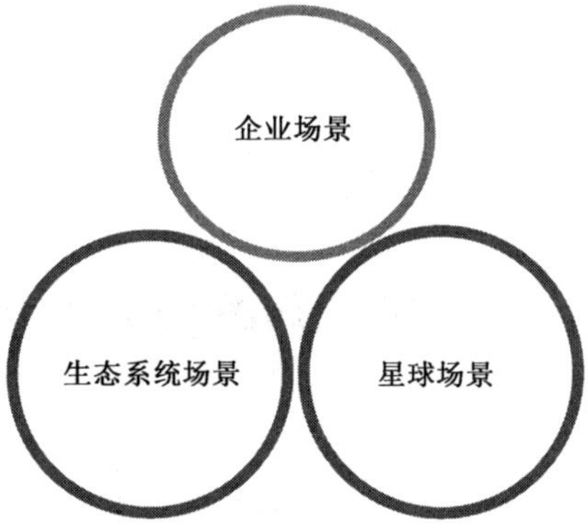

图 7-3 数据共享的 3 个场景

1. 企业场景

通过区块链，来自不同企业的数据可以合并在一起，这不仅有利于减少企业审计数据的成本，还有利于减少与审计人员共享数据的成本。在减少成本并获得新数据以后，企业可以完成人工智能模型的构建。这样的人工智能模型就像一个“数据集市”，可以更加准确地预测出客户流失率。

2. 生态系统场景

一般来说，竞争对手之间不会去交换和共享数据。但很容易理解的是，如果一家银行获取了其他几家银行的合并数据，那么这家银行就可以构建一个更加完善的人工智能模型，从而最大限度地预防信用卡欺诈。

此外，对于一条供应链上的多家企业而言，如果通过区块链实现了数据共享，并将人工智能运用到供应链上，那么当供应链出现故障时，人们可以在第一时间找出故障来源。例如，食品中的大肠杆菌究竟来自供应链上的哪一家企业。

3. 星球场景

无论是在不同的生态系统之间交换和共享数据，还是在每个个体参与的全球规模的生态系统之间交换和共享数据，都是非常值得考虑的。这样，可以改进人工智能模型的数据就会更多，来源也会更广。

在某种情况下，来自不同孤岛的数据合并在一起以后，除了可以产生更好的数据集，还可以产生更加新颖的人工智能模型。在这种人工智能模型的助力下，新的洞察力可以被获得，新的商业应用也可以被发掘，这也表示，以前实现不了的事情现在可以被实现。下面以识别钻石欺诈为例进行详细说明。

对于提供钻石保险的银行（以下简称钻石银行）来说，最需要的应该是一个可以识别钻石真假的分类器。目前，世界上一共有 4 家信誉较好的钻石认证实验室，在这种情况下，如果钻石银行只获取了一家实验室的数据，那么分类器很可能并不认可由另外 3 家实验室鉴定的钻石，这也表示，分类器的误报率会非常高。

如果借助区块链让实验室之间实现了数据的交换和共享，那么结果就会完全不一样。首先，钻石银行可以获得 4 家实验室的数据，并用这些数据构建一个分类器；其次，系统会对送来的每一颗钻石进行审查，而且还会和分类器中的数据作比对；最后，分类器会对钻石真假进行非常严格的检测，从而得出最准确的结果。在这一过程中，由于加入了区块链，不仅分类器的出错率会大幅度降低，欺诈现象也会明显减少。

此外，当人工智能与区块链结合在一起以后，系统除了可以验证钻石真假，还可以从颜色、克拉等多个方面对钻石价格进行准确预测，然后把主欺诈分类器的输入源设定为“价格与预测价格的接近程度”。

实际上，在进行数据共享时，还需要考虑一个重要问题——中心化还是去中心化？即使某些企业愿意共享自己的数据，那也不一定非得通过区块链实现。例如，企业可以把数据聚合到 Amazon S3 当中，然后公开 API。不过，与中心化相比，去中心化还是有很多好处的，一方面，参与企业可以名副其实地共享基础设施，无论是其中的哪一家都不可以独自控制所有的“共享数据”；另一方面，企业把数据和模型变成真正的资产不会再像以前那么困难，而且还可以通过授权其他企业使用来获取利润。

正如前面讲述的那样，去中心化的数据共享会出现在 3 个场景中，企业场景、生态系统场景和星球场景。可以说，无论在哪一个场景中，区块链与人工智能都实现了很好的融合，同时也促进了良好效果的达成。

7.3.2 测试和模型的数据溯源

一般情况下，如果对不好的数据进行训练，得到的模型也会是不好的，简单来说，就是不好的种子结不好的果实。当然，这一论断也同样适用于测试数据。

导致数据变得不好的原因应该分为两种类型：恶意原因和非恶意原因。其中，恶意原因主要包括对数据进行了篡改等；非恶意原因包括数据源出现失误、物联网传感器存在缺陷、崩溃故障、不具备良好的纠错机制等。

这时就会出现很多问题，如何判断数据源是否出现了失误？如何保证数据没有被篡改？进出模型的数据是什么情况？总而言之，必须对数据进行深入了解，而且我们应该知道的是，数据也希望可以拥有信誉。

在这方面，区块链可以发挥出一些强大作用。无论是在构建模型的过程中，还是在实际现场运行模型的过程中，数据提供者都可以通过区块链为数据和模型盖上时间戳，然后将已经盖上时间戳的数据和模型添加到区块链数据库中。这样一来，这些数据和模型相当于已经获得了认证，同时也意味着它们可以被追根溯源。

另外，值得一提的是，构建模型方面的数据溯源主要包括 4 种：模型本身方面的数据溯源、训练输出（输入）数据方面的数据溯源、构建模型方面的数据溯源、传感器数据方面的数据溯源。运用模型方面的数据溯源主要包括测试输入数据方面的数据溯源、测试输出数据方面的数据溯源、模型模拟方面的数据溯源。

可以看到，无论是构建模型方面的数据溯源，还是运用模型方面的数据溯源，都已经被很好地实现。这也带来了一个非常好的结果——人工智能数据和模型的可信度大幅度提高。另外，实现数据溯源还有如下几个不得不提的优势：

（1）可以判断数据供应链是否存在泄露现象，例如，查明某传感器是不是在“撒谎”、核对银行的账目是不是正确等。

（2）可以通过密码验证的方式，对数据和模型的真实情况进行深入了解。

（3）可以使数据和模型都获得信誉。

在区块链的助力下，人工智能似乎正在变得越来越“智能”，这一点在数据及模型溯源方面体现得尤为明显。实际上，在实现了数据溯源的同时，“区块链+人工智能”也使数据质量有了很大的提升，而这也反过来推动了模型质量的提升。

7.3.3 让训练数据和模型成为知识产权资产

训练数据和模型是“共享式全球注册中心”的两个重要组成部分，此外，无论是训练数据还是模型，都可能是共同体的一部分，而且也是可以买卖的。应该知道，知识产权资产都是受版权法保护的，因此，可以作为知识产权资产使用的训练数据和模型也同样享有这样的保护。

而这也表示，哪家企业能把训练数据或模型构建起来，哪家企业就可以拥有版权。另外，如果企业拥有了训练数据或模型的版权，就可以授权给别的企业使用，具体包括以下 4 种情况：

（1）企业将自己的数据授权给别的企业去构建模型。

（2）企业授权别的企业把已经构建好的模型添加到其移动应用程序当中。

（3）在获得授权的情况下，企业使用别的企业的数据或模型。

（4）企业之间进行层层授权。

可见，对于一个企业而言，如果可以拥有人工智能模型的版权，那将会是一件非常不错的事情。目前，数据的广阔市场已经得到了极大认可，而模型也定会受到更多关注。

在区块链还没有兴起和发展之前，拥有版权的企业可以将数据和模型授权给别的企业使用，相关也法律为此提供了依据。不过，区块链可以使其变得更好。

从企业拥有的版权来说，区块链提供了一个防篡改的“全球公共注册中心”，这样企业就可以通过数字加密方法在自己的版权上签名，从而烙上一个“版权归我们企业所有”的印记。值得一提的是，“全球公共注册中心”还包括训练数据和模型。

从企业的授权交易来说，区块链又一次提供了一个防篡改的“全球公共注册中心”。不仅如此，这次不只是数字签名那么简单，而是将版权与私钥联系在了一起，也就是说，如果没有私钥的话，就没有办法对版权进行转让。由此来看，版权转让似乎已经变成了与区块链相似的资产转让。

区块链方面的知识产权是非常值得被重视的，早在 2013 年，部分企业就已经着手开展这方面的工作，也帮许多数字艺术家拿到了应得的报酬。不过，当时的工作或多或少存在缺陷，例如，授权规模不够庞大、授权灵活性较差等。但随着区块链的不断发展，这些缺陷已经得到了相应的弥补，使其成为可能的技术主要包括如图 7-4 所示的几种。

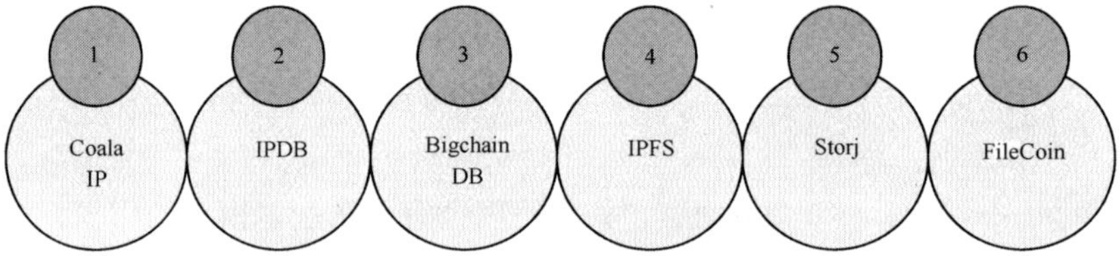

图 7-4　弥补知识产权资产工作的几种技术

其中，Coala IP 是一种对区块链友好且非常灵活的 IP 协议；IPDB 和 BigchainDB 可以存储版权信息和一些源数据，是一种规模堪比 Web 的共享式公共区块链数据库；而 IPFS、Storj、FileCoin 则可以存储规模庞大的数据和模型，是一种属于物理存储范畴的去中心化文件系统。在上述这些技术的助力下，作为知识产权资产的数据和模型就可以被构建起来。

下面以 Ascribe 为例对此进行详细说明。Ascribe 的创始人在很早之前就已经构建了一个人工智能模型，并拥有其版权，另外，值得一提的是，这个人工智能模型是决定使用哪种模拟电路拓扑结构的决策树。据悉，在保护人工智能模型的版权方面，Ascribe 采取的是一种带有密码的防伪证明书。如果有企业想要获得授权以便使用人工智能模型的话，需要给 Ascribe 发送邮件。在拥有了数据和模型这样的知识产权资产以后，Ascribe 可以为其建立交换中心。

以前，交换中心基本上都是中心化的，因为很多企业认为共享数据带来的风险要远远高于回报，所以，这样的交换中心只能使用公开的数据源。而 Ascribe 建立的交换中心则是去中心化的，在这种情况下，企业会看到一个真正开放的数据市场，不仅如此，数据和人工智能人士长期以来的梦想也有望被实现。

可以看到，区块链给作为知识产权资产的训练数据和模型提供了强大的保障，在这种情况下，无论是数字艺术家拥有的版权，还是企业拥有的版权，都可以受到保护。而正是因为如此，训练数据才得以共享，人工智能模式也才能被更好地构建出来，从而推动中国人工智能事业的不断发展。

7.4 区块链与人工智能结合的应用

前面已经说过，人工智能可以改变区块链，区块链也可以改变人工智能，二者也因此实现了非常好的结合。不过，我们认为只讲述二者的结合是远远不够的，还应该讲述二者结合的应用。对此，可能不少人会有这样的疑问：区块链与人工智能结合的应用真的存在吗？当然存在，ATN 和个性化人工智能是两个非常经典的范例，这也是本节所要重点讲述的。

7.4.1 ATN：人工智能共享服务平台

创新活力一共有两大源泉，一个是开源，另一个是共赢。作为世界上第一个“区块链+人工智能”项目，ATN 充分利用区块链的特性，构建起一个多中心协调的人工智能服务共享平台，并将人工智能及机器人的力量汇聚在一起，以便共同开发人工智能网络。

众所周知，“重复造轮子”这一行为不仅浪费资源，而且还浪费时间。因此，在整体设计上，ATN 结合了一些区块链项目的想法，例如，以太坊、Oracle、跨链代币等，这样一来，人工智能服务与智能合约之间的互操作问题可以被有效解决。

据悉，未来 ATN 将借助下一代区块链的力量，搭建一个可供 AIaaS 使用的开放性经济系统。一旦搭建成功，不仅人工智能服务的交易和互操作可以更多，而且人工智能的能力也会有大幅度提升。另外，值得一提的是，ATN 还特意设计了人工智能服务的接入方式，这样，无论是人工智能服务的提供者，还是人工智能服务的使用者，都可以非常容易地使用人工智能网络。

可见，ATN 希望能够通过技术创新为其他人工智能企业提供渠道和便利，这也就表示，ATN 的目标并不是对其他人工智能企业进行“整合”，而是让其他人工智能企业对自己进行“整合”，从而构建一个汇聚全球人工智能能力的多中心分布式的共享平台。在这样一个平台上，无论是企业还是高校，或是个人，都可以非常容易地得到所需的人工智能能力并进行相应的开发和创新，这有利于加快人工智能进入各个行业的速度。

在区块链领域，区块链脚本语言过于简单是一直存在的问题，借助合约编程语言及 EVM 虚拟机技术的力量，以太坊不仅成功解决了这个问题，而且还带来了去中心化的应用平台，从而使企业可以更好地应用区块链。然而，区块链智能合约实际上并没有那么“智能”，再加上区块链也不具备非常强的运行去中心化应用程序的能力，在这种情况下，区块链无法实现某些方面的能力，例如，多层神经网络、机器学习、人工智能的语义理解等。

鉴于此，ATN 的 DBot 技术充当了桥梁的作用，将区块链与人工智能完美地连接在一起。另外，通过经济激励及相应技术的助力，智能合约执行结果的一致性也有了强有力的保障。

随着 ATN 团队的逐步扩大，ATN 项目获得了非常迅猛的发展。从目前的情况来看，ATN 已经可以为以太坊上的去中心化应用程序提供人工智能服务，未来也将为以 EVM 为基础的公有链（如 Qtum 量子链等）开创人工智能入口。除此以外，ATN 所搭建的人工智能共享网络也已经和多个人工智能平台相连，例如，阿里巴巴、亚马逊、科大讯飞、百度、腾讯、谷歌、微软、IBM 等。

2017 年 12 月 15 日中午 12 点，ATN 在 big.one 和 allcoin.com 两大国际平台上正式上线，并于上线的第一周提供了大量的优惠福利，其中最具代表性的是“1 个 ETH 可以购买 660 个 ATN”。

7.4.2 个性化人工智能

当下，区块链绝对称得上是一大行业热点，各大互联网企业都忙着在这上面布局。在 2018 年年初，猎豹移动总裁傅盛也高调宣布朝区块链进军，而且还推出了一款面向海外的数字资产钱包应用——SafeWallet。

从目前的情况来看，猎豹移动正在考虑如何才能把区块链和人工智能很好地融合在一起，从而打造出更有价值的新型“智能链”。据悉，这个问题已经被猎豹移动解决，相关的项目也接近尾声，官网页面已经正式上线。

据猎豹移动相关人士透露，新品的名称为“小豹 AI 音箱”，是第一款融合了区块链的高级人工智能音箱。值得一提的是，在区块链的助力下，无论是谁都可以帮助这款音箱实现人工智能进化。

由于“小豹 AI 音箱”加入了“智能链”，因此，用户可以获得多种前所未有的体验，例如，享受个性化的人工智能服务、收听语音广告得积分、参与互动拿大奖、帮助人工智能成长进化等。在这种情况下，即使是普通用户，也可以深度参与到人工智能体系的建设当中，从而进一步解决人工智能优化成本高、自我进化效率低等诸多问题，而更加重要的是，还可以推动人工智能领域的不断发展。

从现阶段来讲，人工智能的演进仍然依赖海量数据培训和学习，既需要巨额成本又需要大量的时间和精力，而猎豹移动所创造的这种“用户参与人工智能进化”的方式，或许会让人工智能领域发生翻天覆地的变化，据相关专家预测，其产业价值很可能会超过 10 亿美元。

另外，无论是猎豹移动旗下的服务，还是其合作伙伴的服务，都可以使用人工智能积分兑换获得。而且这里所说的服务包括很多种类，例如，智能设备、数字娱乐产品、版权内容服务、其他增值服务等。

当然，对于“小豹 AI 音箱”来说，“智能链”只是一个可有可无的额外功能，如果不参与的话，也不会对正常使用产生任何影响。但不得不承认的是，“智能链”确实提高了“小豹 AI 音箱”的智能水平，而且还使其变得更个性化，可以说在一定程度上实现了个性化人工智能。

除了猎豹移动，ObEN 也对人工智能与区块链的融合进行了深入研究，并于 2017 年 10 月获得一项国际大奖。那么，在融合人工智能与区块链方面，ObEN 究竟想做些什么呢？

首先必须要了解的是，ObEN 是一家专门开发个性化人工智能平台的公司，眼下刚刚获得了 1400 万美元左右的 A 轮融资。据悉，A 轮融资的投资者主要包括软银、腾讯、韩国 SM 娱乐公司等。

ObEN 究竟想做什么的呢？简单来说，ObEN 想为每个用户打造出自己的人工智能个人应用集成，这个应用集成不仅长得像用户，而且说话的声音也像，未来甚至可以让性格也与用户相似。这种极具个性化的人工智能个人应用集成很有可能会成为网络空间的个人助手，任何用户都可以用它来社交，或者管理自己的任务。

可以看到，无论是猎豹移动，还是 ObEN，都在“区块链+人工智能”的道路上积极探索，也取得了非常不错的成绩，进一步提升了人工智能的智能化水平。

第 8 章

区块链应用于公证

公证是公证处根据相关申请，依照法定程序对民事法律行为、有法律意义的事实和文书的真实性、合法性予以证明的活动。从目前的情况来看，公证存在诸多问题，例如，社会认知度不高、不正当竞争现象频发、相关证明难以获取等。然而，从区块链兴起并逐渐发展成熟以后，这些问题可以在一定程度上被有效解决。因此，我们可以预见“区块链+公证”将有非常广阔的发展前景。

8.1 用区块链解决公证难题

不少专家和学者认为，单纯的区块链技术并不可以提供完整的公证解决方案，该技术为公证领域提供的价值主要体现在 3 个方面：为文件打上公证系统时间戳、保证公证信息无法篡改、写入信息可以公开查询。因此，经常被提及的“区块链公证”更多的是提供一种“存在性证明”，即证明某段信息在某个时间点确实是存在的，如果从这一角度来看，完整的公证服务还是需要公证员的介入。但不可否认的是，在自由、可信、可公开查询、可编程操作等方面，区块链确实有天然优势，这是传统公证所不能企及的。

8.1.1 当前公证存在的问题

自《中华人民共和国公证法》颁布以来，中国的公证工作就有了突飞猛进的发展，主要表现在公证处的基础设施建设不断加强、公证业务领域持续拓宽、公证人员业务素质有所提高……在这些亮眼成绩的基础上，中国的公证事业已经有了非常大的进步。但即使如此，当前公正事业存在的问题也不能被忽视，如图 8-1 所示。

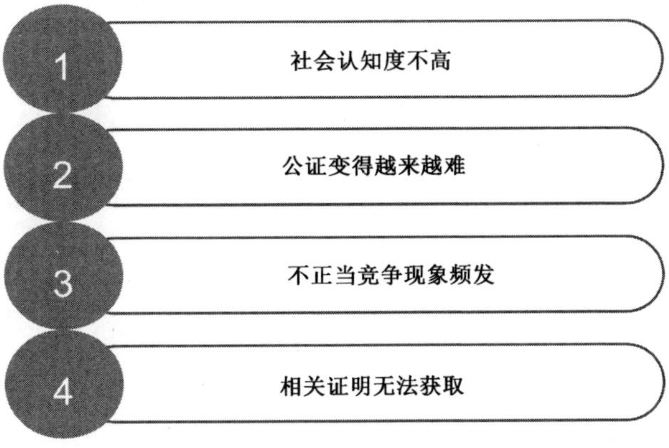

图 8-1 当前公证存在的几个问题

1. 社会认知度不高

公证一直都被定位为非诉讼法律制度，与法院诉讼、律师辩护有非常大的差别。通常来讲，人们对法官、律师都会有比较深的了解，但知道公证的人却寥寥无几。不知道，也不了解公证，人们怎么会来办理公证？既然不会来办理公证，公证业务又该如何拓展？

更有甚者，竟然会问，公证处是不是国家开办的？开办一个公证处需要多少资金？可见，一些人还会对“公证处是国家开办的”这一论断存有疑虑，在这种情况下，人们很难意识到公证书的真正价值，这削弱了公证的公信力。

2. 公证变得越来越难

从实践层面来看，有关部门规定，当事人在办理遗产过户手续时，必须提交继承权公证书或法院判决书。不过，无论是《不动产登记暂行条例》，还是物权法，都没有对继承权强制公证做出明确规定。这也表示，有关部门对提交公证书的规定与现行法律产生了冲突，因此受到了很多诟病和质疑。

另外，有关规定显示，在办理继承权公证时，当事人需要提供各种各样的证明材料，而且要想收集所有证明材料的话，就必须在派出所、社区、民政局、街道办等处多次往返，这难免会引起当事人的困扰和不满。

3. 不正当竞争现象频发

拓展公证业务这件事情既不是哪一个公证员可以完成的，也不是哪一个公证处可以完成的，而是整个公证行业联合起来才可以完成的。然而，为了扩大业务范围从而提升竞争力，各公证处、公证员之间经常会使用一些不正当的手段，例如，简化公证程序、降低公证费用等。在这种无序竞争的影响下，公证质量变得越来越差，公证行业的整体形象也变得越来越坏，从而对公证的公信力造成严重损害。

4. 相关证明无法获取

之前，公安部正式公布了 18 个不该由公安机关出具证明的规定，给当事人及公证机构造成了非常大的不便。

以上所述是当前公证存在的主要问题，只有解决了这些问题，公证事业才可以获得持续、稳定的发展。当然，这除了需要政府、公证处、公证员、民众的协同努力，还需要相关技术的支持和帮助。

8.1.2 区块链公证使用范围广泛

从目前的情况来看，区块链公证的使用范围正在变得越来越广泛，之所以会这样，主要是因为在公证领域，区块链确实有很多优势，主要体现在以下几个方面。

（1）区块链在很大程度上实现了公证的即时性，这样可以解决一些之前无法解决的问题，例如，证据固化、公证时间长、保存流程不简便等，从而使公证效率得到大幅度提升。

（2）区块链可以实时对公证资料进行安全处理，产生时间、资料内容的哈希值与存储者相对应，因此，除了有利于证明公证资料是真实存在的，还有利于确定其完整性和所有权。

（3）在区块链的助力下，电子数据及信息的真实性、完整性、安全性都可以得到很好的保障。这样法律机关可以获取更多真实有效的证件。

（4）区块链可以通过各种数字加密方式（例如，私钥、公钥、电子签名等），将敏感资料泄露的风险降到最低。

（5）通过申请对存储资料进行公证，用户可以对抗侵权者的恶意行为。

在上述这些区块链优势的推动下，中国公证事业已经出现了非常可喜的新趋势，具体包括以下几个方面。

（1）主动保管证据以代替之前的被动保管证据，公证职能有了大幅度延伸，从而使公证的预防性价值得到了充分体现。

（2）公证服务由之前的线下开展逐步转化为线下线上共同开展。

（3）由传统的公证机构独立执业发展为公证机构与掌握信息技术的公司、科研院所合作，开展知识产权公证。

（4）执业方式由之前的公证处独立执业，转变为公证处与公证信息化执业平台、掌握信息技术的企业和科研院所共同执业。简单来说，就是依托外脑支持进行执业。

基于上述几种趋势，再加上区块链自身所具备的优势，区块链应用于公证领域一定是大有可为的，而这一论断也得到了许多业内人士及专家学者的认可和证实。由此来看，区块链在公证领域发挥作用只是一个时间问题，非常值得期待。

8.1.3 为文件打上公证系统时间戳

在公证领域，区块链的一个重要作用是为文件打上时间戳。那么，究竟何谓时间戳？实际上就是格林尼治时间 1970 年 01 月 01 日 00 时 00 分 00 秒（北京时间 1970 年 01 月 01 日 08 时 00 分 00 秒）起至现在的总秒数。一般来讲，时间戳应该由图 8-2 所示的 3 个部分组成。

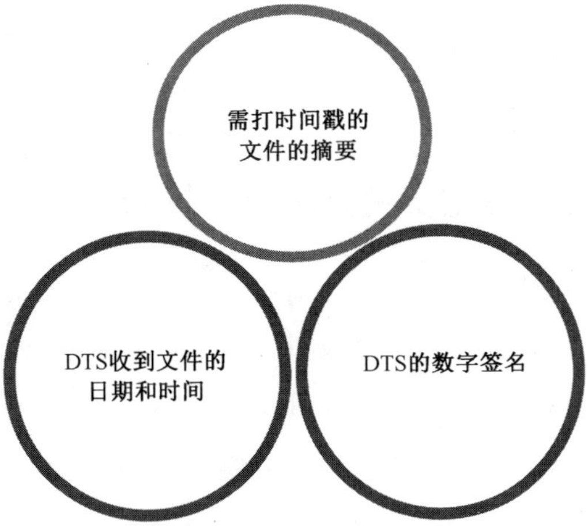

图 8-2 时间戳的 3 个组成部分

在上述 3 个组成部分的影响下，时间戳的产生流程变成了以下 5 个：当事人通过编码加密的方式使需要打时间戳的文件形成摘要，将已经形成的摘要发送到区块链上，将摘要的日期和时间信息加入文件，通过数字签名的方式对文件进行加密和将文件送回到当事人手中。

值得一提的是，时间戳的主要价值是确保一份数据在一个特定时间点的存在性、可验证性及完整性。另外，利用时间戳，区块链可以保证每个区块可以按照顺序连接在一起，同时也为其上的每一笔数据标记上时间。简单来讲，在时间戳的助力下，区块链上发生了哪些事情、什么时候发生的事情都可以被证明，而且无论是谁都无法对其进行篡改。

总之，只要是已经被打上了时间戳的公证文件，存在性、可验证性、完整性都可以得到证明，而且不会被篡改。因此，无论是当事人还是公证处，都可以使用这样的公证文件，一方面，有利于简化当事人获得公证文件的流程；另一方面，有利于公证处提升工作效率和工作质量。

8.1.4 保证公证信息无法篡改

区块链可以公证任何类型的文件，例如，文档、邮件、证书、网页等；同时还可以公证各种格式的文件，例如，Word、PDF、PNG、PPT、TXT、JPG 等；更重要的是，还可以公证各种领域的文件，例如，医疗、出版、教育、房地产、司法、政治等。

一般情况下，各国公证中心保管文件的方式是在带有日期的文件上盖上专属印章，然后进行拍照并载入系统。但无论是纸质文件，还是图片记录，都可能会因为 IT 系统遭到黑客攻击而被篡改或直接丢失。

针对这一问题，区块链已经提供了完整的解决方案。具体来说，区块链可以将文件生成的唯一哈希值记录并存储下来，不仅如此，还可以为文件打上进入公证系统的时间戳，从而形成区块。所以，只要区块正式形成，文件信息就再也没有办法被篡改。

另外，由于区块链具备广泛分布的特性，因此，无论出现什么样的突发情况，只要区块链上还有 1 个以上的节点仍然保持工作状态，公证的信息就可以被完整保存。不仅如此，广泛分布的特性也可以证明信息是存在的，并且是真实的。

8.1.5 写入信息可以公开查询

从历史的角度来看，公证人是由古罗马的代书人演变而来的，后来慢慢又具备了一些附加职能，例如，司法辅助、记录等。发展到现在，所有的公证人都已经具备了优先证人的职能，那么，为什么会出现这样的情况？其中的本质原因又是什么？我们将从以下两个方面进行说明。

（1）无论是英美法系的公证人，还是大陆法系的公证人，都必须在政府或法律明确授权的情况下，才可以真正执行公证职能。而这也在一定程度上表示，政府和法律已经对公证人的公证职能进行了背书。

（2）在执行公证职能时，大多数国家和地区的公证处和公证人都具有收集和查询信息的权力，而这一权力是当事人所不具备的。可以说，在公证过程中，因为公证人和公证处具备收集和查询信息的权力，所以，就成为社会信息生产、传递中的一个重要环节。

从目前的情况来看，随着区块链的不断发展和渐趋成熟，其应用范围也比之前扩大了许多。另外，通过共识机制，各种各样的信息都可以被查询，而这也在很大程度上提升了获得信息的便捷性。

在中国现有的法律体系之下，很多特定信息很难被查询到，除需要特定的身份以外，还必须具备可以行使特定权利这一重要前提。之所以会出现这种情况，主要是为了防止某些当事人查询到信息以后做出与社会道德相悖的事情。而政府及社会公共管理部门通过严格管理公证人和公证处，可以使其在具备查询特定信息权利的同时也不敢冒法律风险去利用这些特定信息。不过，前面已经提到，区块链可以记录和存储各种各样的信息。在这种情况下，无论是信息的查询，还是使用，或是传递，都可以得到清晰的追溯，同样可以使得当事人面临的风险被降到最低。

不过，从另一方面来看，原始信息与可使用信息之间还有一定的距离，因为要使原始信息变成可使用信息，必须通过非常专业的分析整理。在这种情况下，即使查询信息的门槛已经大幅度降低，但还是要依靠专业分析人士的力量对信息进行分析整理，从而使其转化为真正意义上的可使用信息。

8.2 具体应用场景

前面我们已经提到过，“区块链公证”更多是提供一种“存在性证明”，在此基础上，区块链在公证领域的具体应用场景应该包括以下几个：身份信息认证、证书区块链公证、法律证据公证、电子政务数据公证、房屋产权公证、知识产权公证。本节将对此进行详细说明。

8.2.1 身份信息认证

目前，身份认证在很大程度上依赖于身份证、户口本等各种证件。然而，很多人都遇到因为粗心大意而弄丢重要证件的情况。如果真的出现这种情况，令人困扰的已经不再是补办非常麻烦的问题，而是会给自己的生活带来不便，甚至影响人生大事的问题。

把区块链应用到身份认证当中，当事人将不需要通过各种复杂的手段来证明“我和我妈妈是母子（母女）关系”，同时也不需要为了开各种证明而在办事处之间来回穿梭，因为每个人的身份信息都会被镶入政府区块链当中。这里所说的身份信息主要包括基本信息、生物信息，以及一些需要特殊权限才能查阅的特定信息。此外，在一些生活和工作场景当中，如果有关部门或组织想要查阅相关信息，只要登录政府区块链平台并获得当事人授权即可，程序比之前简便了许多。

非常明显，将区块链应用到身份信息认证当中，确实有很多优势。而且从目前的情况来看，已经有公司顺利完成了“区块链+身份信息认证”的布局，下面以其中的几家为例进行详细说明。

2016年8月，微软宣布要与区块链初创公司Blockstack Labs、区块链巨头ConsenSys及其他区块链研发者进行密切合作，共同开发以区块链为基础的身份识别系统。对此，微软方面表示，该研发计划的主要目的是打造出一个开源、高度自治、以区块链技术为基础的身份识别系统。据悉，这一身份识别系统将会绕过区块链、云服务商及组织，从而使产品、用户、应用、服务之间可以进行真正意义上的交互。

微软在自己的官方微博中写道：“通过这次开源合作，我们计划打造一个跨链的身份识别解决方案，这一解决方案可以扩展到未来任何区块链或新型分布式系统上。”另外，微软还将一个开源框架上线到Azure区块链平台上，在这个开源框架的基础上，开发人员可以设置“身份识别层”，同时还可以测试其对应用开发的具体作用。

实际上，在区块链领域，除了微软，还有几家公司也在积极研发区块链身份认证应用。2016年8月，美国国土安全部科技理事会资助了Digital Bazaar、Celerity、Narf Industries、Respect Network 4家专门研发身份认证的区块链创业公司。据了解，这是一个小公司创新研究计划，在该计划的支持下，上述4家公司分别可以获得10万美元的资助。此外，美国国土安全部还对这4家公司提出了其他要求——对区块链技术在隐私保护方面的应用进行研发。

毋庸置疑，在区块链技术的影响下，现有的身份认证系统将会发生翻天覆地的变化，同时还可以创造一些全新的玩法和方式。在这场变革中，Digital Bazaar、Celerity、Narf Industries、Respect Network 的研发方向是不相同的，具体如下。

Digital Bazaar 主要研发用于发布身份证明信息的关联数据账本架构；Celerity 主要研发以区块链为基础的身份信息交易平台，在该平台上，用户可以与公共或私人组织进行身份信息的共享和交换，而且整个过程是非常安全的；Narf Industries 主要研发以私链为基础的身份认证管理系统，该系统具有一些比较明显的优势特点，如伪匿名性、真实性、保密性、实用性等，而且只有美国国土安全部才可以进入；Respect Network 主要研发以公链为基础的中心化注册及发现的服务。

事实上，这 4 家区块链创业公司除了可以获得美国国土安全部的投资，还可以获得一些其他的投资。然而，这 4 家公司究竟是不是有机会吸引投资者进行投资，还得由他们以后研发出的项目成果及商业模式的潜力大小来决定。从 2015 年 12 月开始，美国国土安全部的小公司创新研究计划已经正式实行。针对在区块链领域的投资，该计划的第一个方向是身份认证管理。

克里斯多夫·弗兰科是一位区块链专家，他曾说过："无论美国国土安全部选择投资区块链技术的哪一方面应用，都将备受瞩目。现在，他们首先选择了身份认证管理，这也很正常。我非常好奇他们将会如何使用这种区块链身份认证系统，毕竟他们投资的 4 家公司我之前从未听说过。"与此同时，他还明确指出："最好的事情莫过于了解美国国土安全部的投资标准，这样就可以发掘出更多具有实际意义的区块链解决方案。”

当然，研发区块链身份认证系统的公司正在变得越来越多，如果按照这样的趋势一直发展下去，区块链身份认证系统的应用落地将会是非常值得期待的。

8.2.2 证书区块链公证

顾名思义，证书区块链公证指的是通过区块链对相关证书进行公证。以教育类证书为例，无论是在应聘的情况下，还是在考评的情况下，都需要对学历证书或毕业证书的合法性、真实性进行准确判断，特别是涉外学历证书，更是要非常频繁地被公证。

当然，除了教育类证书，其他种类的证书也存在公证的需求，例如，结婚证、驾驶证、房产证等。不过，从目前的情况来看，证书公证正面临着程序烦琐、效率低下等诸多问题，这些问题也为当事人带来非常多的不方便。然而，区块链可以有效解决上述问题，下面以墨尔本大学为例对此进行详细说明。

2018 年年初，墨尔本大学宣布正式对区块链记录维护项目进行试验，项目试验成功以后，验证学生证书的方式将会变得越来越私密，也越来越安全。据悉，项目中的发布系统是由 Learning Machine 开发的，采用的是麻省理工媒体实验室在 2016 年提交的 Blockcerts 开源代码。

墨尔本大学副校长格雷戈尔·肯尼迪教授说：“我们在维护当前学校发放的学位及奖项的同时，还对构建一个更加多元化的证书系统感兴趣。在区块链上发行证书是本次研究的重要部分。”

在使用以 MIT 开源许可为基础的 Blockcerts 代码时，公众不需要花费任何费用。而这一区块链也具备很多优势，一方面，第三方可以在接受者持有自己证书的情况下对该证书进行核实；另一方面，即使墨尔本大学（证书发行方）已经不复存在，第三方仍然可以对证书的真伪进行查询。

另外，通过一个开源的移动手机钱包 APP，学生既可以获取自己的证书，又可以分享自己的证书，这样学生就可以用一种更加简便的方式向潜在雇主展示自己获得的所有证书。与此同时，证书发行方的成本也会大幅减少，而且还可以将出现谎报和虚报现象的风险降到最低，从而提升安全性。

发布系统的开发者 Learning Machine 是一家美国公司，总部设在坎布里奇，该公司的主要任务是将区块链解决方案推广到各个领域。在接受采访时，Learning Machines 的总裁克里斯·雅格曾表示：“区块链这种创新能够帮助机构实现品牌保护，同时具备使个人得以持有正式记录的优势，方便他们走向世界。发行方和接收方都能即刻获得一定程度的独立性及安全性，这些在以前都是不可能发生的。”

此外，Learning Machines 商务负责人娜塔莉·斯莫林斯基也曾说：“全世界的大学、政府、企业等机构都面临着全球劳动力及学生群体激增带来的挑战。区块链升级了传统的发证及审核的方法，提高了记录处理的安全性和效率。Learning Machine 能让区块链记录的创建、发行及管理变得更加简单、直观。”

除了墨尔本大学，还有一些其他高校也在积极研究“区块链+证书公证”，例如，麻省理工学院、西江大学等。而这也在一定程度上预示着，未来区块链将会在公证领域发挥更大的作用。

8.2.3 法律证据公证

对于经济体而言，任何合同都可能成为一项非常重要的证据，因此，对合同进行公证是非常有必要的。对个人而言，对关键法律证据进行公证也是保护自身合法权益的一个有效途径，像语音、微信、邮件、微博等各种各样的法律证据都可以成为申诉过程中的关键因素。

另外，对于专门提供法律咨询服务的律师而言，单位时间的效率是非常重要的，但因为经常会出现“取证难”的现象，所以，工作效率被大幅度拉低。在这种情况下，如果出现一个可以使取证变得迅速和简单的工具，那么不仅有利于提高律师的工作效率，还有利于保护个体的合法权益。

从目前的情况来看，区块链技术和法律的交集并不多，仅体现在相关政策研究，以及区块链记录和存储功能应用这两个方面。因此，可以把佛蒙特州于 2016 年通过的“将区块链记录用于法院证据”的法案看作世界上第一个真正实现“区块链+法律”的案例。据悉，该法案主要确定了区块链记录成立的条件，具体来说，只要达到了区块链记录的成立条件，法律证据就可以被认定为真实有效。

对此，佛蒙特州众议院商业和经济发展委员会主席、议员 Bill Botzow 明确指出，该法案对区块链数据与法律规定的可采纳证据进行了进一步协调，最终拟定的机构主要包括佛蒙特法学院、统一法律委员会、州法院体系的代表。与此同时，他还说道："关于这些法案，最让我开心的是法案通过的方式。它最后取得了法院等相关社区的认可，以保证拟定的法案符合现有证据法；最高法院法官是来自法学院的法院管理员。"

在 2016 年，佛蒙特州立法机构正式发布了使用区块链技术改善州记录保存流程的报告。即使该报告最后总结，搭建新系统的成本要高于其获得的利益，但还是建议州政府立法，对该技术秉承支持和鼓励的态度。这一点可以被报告中的"给区块链技术提供立法许可，为佛蒙特州争取先锋优势，激发围绕区块链开发展开的经济活动的潜能；但是该技术的本质使这种潜能很难去量化捕捉"充分证明。

该法案的主要内容具体包括以下两项：

1. 由参众两院通过的法案版本来看，区块链中已经被打上时间戳的文件"应该被认定为常规业务的记录"，是符合州证据法的

"法院的被告方有义务提供充足的证据，证明区块链上推定的事实、记录、时间或身份不真实；但是被告方的这种推定是不能说服陪审团的，因为区块链准确显示了这些基本事实和记录本身。"

2. 对法院质疑法律证据真实性的方法进行了规定

“根据佛蒙特州证据法第 902 条，区块链中电子注册的数字记录应该是自我验证的，只要它包含了合资格人的书面声明，经过宣誓，说明认证人的资格，并且提供以下信息：区块链添加该记录的具体日期和时间、区块链接受该记录的具体日期和时间、区块链定期维护该记录、记录是一种常规活动。”

Botzow 一再强调，相关立法虽然只适用于金融交易领域的文件，但却是相关州法律迈出第一步的重要标志，而且还说道：“我能理解研究委员会建议我们以此为起点的用意——搭建一个创新平台，保证佛蒙特州处于创新技术应用的前沿。”

佛蒙特州为“区块链+法律”开辟了一片新天地，而这也在一定程度上反映出使用区块链对证据进行公证的广阔前景及美好未来。

8.2.4 电子政务数据公证

2017 年 3 月，“中欧数字经济与网络安全专家工作组第三次会议”在比利时鲁汶正式召开，中国信息领域的顶级专家和欧盟信息专家参加了会议。据悉，中欧双方主要的讨论方向有两个，一个是数字经济，另一个是网络安全。其中，北京航空航天大学朱皞罡教授发表了一份影响深刻的报告——《基于区块链技术的政务数据开放》。

报告详细阐述了电子政务和电子商务对于各国普惠金融发展的重

大意义，同时还通过应用案例展示了中国电子政务的高效和务实，而这里所提到的高效和务实具体体现在两个方面：拥抱新技术和创新能力的提高。

报告明确指出：“电子政务的核心在于数据规制能力。数据的采集、存储、使用、部门协同配合及与民众的交互贯穿电子政务的整个脉络，数据规制与管理能力，以及与之配套的法律构成电子政务的核心脉络。”

区块链的核心思想是客观透明，以此为基础的电子政务将技术治理的理念充分体现了出来，在实行“互联网+电子政务”的整个过程中，社会对政务信息资源、政务服务等多个方面都提出了要求，要想让这些要求得到满足，必须提高技术能力。然而，区块链在电子政务领域的成功落地，则为维护信息安全、促进政务数据交换和共享、提升社会公信力提供了非常强大的技术保障。

在区块链的助力下，一个值得信任的电子政务数据交换价值网络可以被建立起来，这样，部门与部门、单位与单位之间可以实现电子政务数据的共享交换，而且这一过程不仅是自由、可信任的，同时也是高效的。

在“区块链+电子政务数据”方面，“政务链”是一个非常合格的先行者，一直致力于打造一条可以实现数据交换和共享的联盟区块链。据了解，“政务链”除了可以为电子政务数据交易所的数据交易交换提供支撑和帮助，还可以为开发者的应用开发提供支持。另外，在共识机制方面，“政务链”有两大不得不提的重点，第一个是通过股份授权证明机制来实现区块链记账；另一个是通过信用贡献证明机制来实现数据的交换和共享。

通过上述内容可以知道，无论是对电子政务，还是电子政务数据，区块链都具有非常重要的作用。其中，因为电子政务具有比较强的严肃性，而且还代表着政府机关的公信力，所以，有关组织机构往往会非常看重数据的准确性和完整性，以及活动过程的可追溯性。在这种情况下，如果只依靠电子政务平台解决信任问题，难免会对政府的权威和公信力产生影响。

8.2.5 房屋产权公证

无论是买期房、现房，还是二手房，只要是买房，就必须办理房产证。在现有产权保护制度下，房产证是保护房屋产权的一个必要手续。不过，很多人在买到房子以后，却并不知道应该如何办理房产证，这个过程主要包括以下几个步骤。

第一步：确保开发商已经办理初始登记。

第二步：到房屋所在地的房屋土地管理局领取并填写《房屋所有权登记申请表》。

第三步：拿到测绘图（表）。

第四步：领取购房合同、房屋结算单、大房产证复印件、开发商审核并盖章的《房屋所有权登记申请表》等相关文件。

第五步：缴纳产权登记费、公共维修基金、契税等费用。

第六步：提交申请材料。

第七步：在规定时间内领取房产证。

可以看到，办理房产证的流程是非常烦琐和复杂的，当事人稍不留意就会出错。为了解决这一问题，房地产行业正在尝试将区块链技术运用到房地产交易当中。可以预见，在不久的将来，这一技术很有可能会使房地产交易过程发生颠覆性的变化，主要体现在如图 8-3 所示的几个方面。

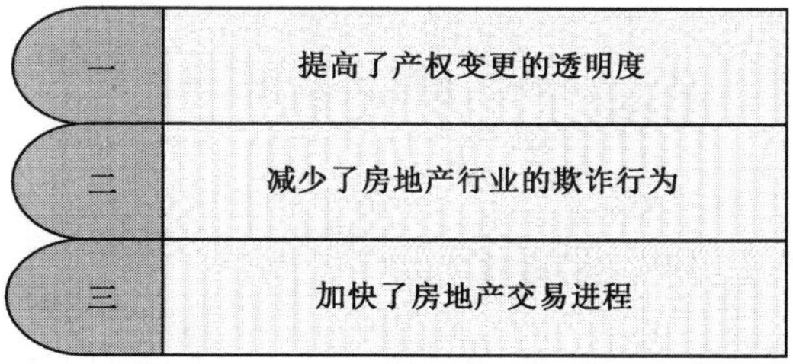

图 8-3　区块链技术对房地产交易过程的改变

1. 提高了产权变更的透明度

大部分人买房都是贷款购房，全款购房的人比较少。然而，到银行贷款的流程也非常烦琐，区块链技术则可以改变这种现状。在区块链上，人们可以将自己定义为买方，申请贷款的时候，信用记录及收入等信息会立即被核实，省去了人们前往银行、律师事务所及地产代理机构办理各种手续的环节。

对房主来说，房子本身拥有数字身份，只有自己拥有唯一的密钥，从而轻松证明自己对房产的所有权。另外，房屋交易历史记录、维修和翻新记录及相关的预计成本等信息也可以记录在区块链上。这样一来，贷款手续及所有权的转移将无缝衔接，甚至可以在同一天内完成。

2. 减少了房地产行业的欺诈行为

买卖双方通过第三方中介完成房地产买卖交易的主要原因是其可以降低欺诈风险。而区块链可以替代第三方中介，锁定买方的资金，同时验证卖方的数字产权。区块链的共识机制可以轻易识别伪造的所有权文件及虚假广告，并且在系统中直接链接到唯一的财产，发生欺诈行为的概率几乎为零。

3. 加快了房地产交易进程

众所周知，房地产交易流程是既烦琐又复杂的，各个国家不同的附加限制及转让成本更使房地产交易速度大幅度降低。然而，在区块链技术的助力下，与财务有关的交易速度可以有所提高。

目前，大部分房地产交易都是通过第三方中介机构进行的，这种交易方式虽然可以在一定程度上保证双方的财产安全，降低欺诈风险，但所需成本比较高，甚至可以占到财产总价值的1%～2%，而且还拉长了交易进程。使用区块链技术以后，第三方中介机构的角色将不复存在，因为区块链的分布式账本不仅可以保障交易安全，而且还可以加快交易进程。

可以看到，区块链技术与房地产领域确实非常契合，而在房地产领域，公证又是一项必不可少的工作，既然如此，区块链、房地产、公证是不是可以很好地融合在一起呢？答案是肯定的。目前，区块链在房屋产权公证方面已经得到了比较不错的应用，下面以洪都拉斯的一个房屋所有权纠纷为例进行详细说明。

在洪都拉斯，房屋所有权纠纷时常会发生，为此，洪都拉斯政府正在积极与区块链公司展开合作，共同研究使用区块链记录和存储房屋所有权的办法。

2009 年的一天，洪都拉斯警方突然闯入 Mariana Catalina Izaguirre 的家中，并命令她马上离开。对此，Mariana Catalina Izaguirre 感到非常惊讶，不明白自己为什么要离开这个已经居住了 30 多年的家。

为了证明这个家是自己的，Mariana Catalina Izaguirre 将自己家里存放的房屋证明拿出来并交给了警察，但警察却告诉她："据当地政府房屋委员会提供的资料，该房屋属于另外一个人，而这个'房主'在前些天向法院申请了驱逐令。"最终，Mariana Catalina Izaguirre 不得不离开自己的家。

这是发生在洪都拉斯的一个真实事件，很多人听到后都觉得非常荒唐，也非常震惊。实际上，类似于因登记不详或记录丢失而造成不公平的事情在各个国家都非常普遍。而不公平的源头正是房屋及土地所有权得不到应有的保障，从而提高了利用房屋或土地作为抵押物进行融资的难度。

当然，这也是洪都拉斯政府与 Factom 公司研究使用区块链记录和存储房屋所有权的一个主要原因。与此同时，由于希腊没有合适的土地登记政策，因此，希腊也对 Factom 公司产生了浓厚的兴趣。

在秘鲁著名经济学家赫尔南多·德·索托看来，发展中国家的发展之所以非常缓慢，是因为财产所有权界定不够明晰。确实，如果连财产属于谁都不能判定清楚，那么投资会很难开始，从而使经济发展受到一定程度的限制。想象一下，当财产所有权清晰以后，人们可以自由地进行交易，而交易正是繁荣的基础。

区块链技术可以有效解决财产所有权的问题，具体来说，通过平均且相等的节点权利和义务分配，区块链创造了一种使彼此之间更加信任的记账方式，这样，财产的所有权就会非常明晰，基于合伙或财产的权利也可以确定。

于是，当前的发展阶段将会超越所有权，通过智能合约来解决财产纠纷问题。以一个人拥有债券为例，一旦智能合约正式制订，如果没有满足已经协商好的条件，那么就会产生一定的利息或相应的罚金。另外，这些条款能够在区块链上被编码，所有相应的行为都是自动化处理的。

在财产所有权方面，区块链很可能会完成银行家、律师、管理员和注册机构的工作，不仅效率更高，成本更低廉，而且还会大幅度降低财产所有权纠纷发生的可能性。由于房屋产权也属于财产所有权的范畴，因此，也可以享受区块链带来的这些优势。

8.2.6 知识产权公证

目前，虚拟经济的发展越来越迅猛，随之带来的知识产权纠纷也渐趋频繁，基于这种情况，一个有效的知识产权保护解决方案必须被尽快制订出来。而异常火爆的区块链似乎就拥有担此大任的能力，可以从根本上解决知识产权保护难题，具体从图 8-4 所示的几个方面进行说明。

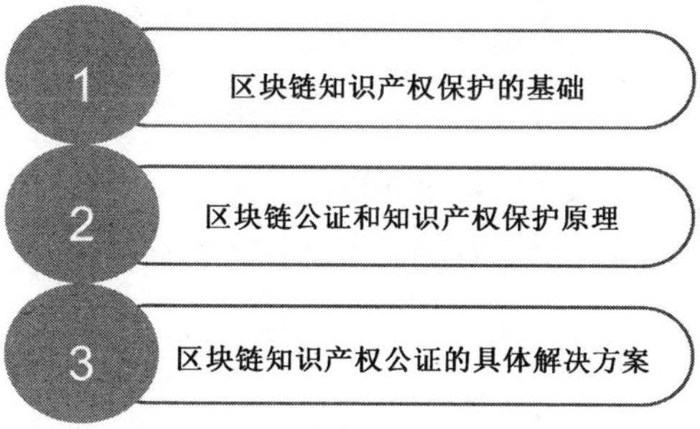

图 8-4 区块链知识产权公证

1. 区块链知识产权保护的基础

哈希和时间戳是区块链知识产权保护的基础，那么何谓哈希和时间戳呢？

所谓哈希，指的是针对各种内容的文件（可以是文件、图片、音频、视频甚至包含海量数据的基因组文件）运行的算法，运算结果会在内容的基础上生成一段字符串，但这段字符串不能反向推出原来的内容。而时间戳则是把哈希写入区块链的时间点。

正因为有了哈希和时间戳这两大基础，记录和存储在区块链上的知识产权才不会被篡改，与此同时，其真实性和有效性也有了强有力的保障。

2. 区块链公证和知识产权保护原理

除了解区块链知识产权保护的基础，我们还应该知道区块链公证和知识产权保护原理，先来看一个案例。

一部马上在电影院上映的电影，被电影公司通过哈希运算生成了64位的字符串，该字符串为这部电影打上了唯一的私有标识符，同时也可以完全代表这部电影的内容。然后，字符串就会被放入区块链交易的文本当中，一旦交易正式产生，时间戳就会生成，而哈希和时间戳则可以为交易提供证明，以确保交易的真实性和有效性。未来，如果内容需要被重新确认的话，就可以用同样的哈希算法对这部电影进行运算，只要内容没有发生变化，字符串也不会发生任何变化，这样一来，电影的所有权就可以被证明。

因为区块链具有公开、永久、无法篡改的特性，所以，一旦交易被写入区块链当中，就会永远保存在这个分布式数据库当中。由此来看，对于公证、知识产权保护来说，区块链确实是一个非常合适的解决方案，未来也很可能会成为推动社会运行的一个强大力量。

3. 区块链知识产权公证的具体解决方案

如果说最早的区块链鉴证服务是什么，那一定非存在性证明莫属。通过区块链，可以为知识产权做证明：哈希对相关内容进行证明，时间戳对相关内容的创建时间进行证明。从目前的情况来看，无论是中国，还是其他国家，都在积极研究区块链解决方案，其中比较出色的有Monegraph、Factom、安存、Proof of Existence等。下面以Proof of Existence为例进行详细说明。

Proof of Existence出现以后，区块链就可以为文件和数字资产在某个时间点的真实性和存在性提供证明，这使法律证据、遗嘱、房屋产权、知识产权等的公证发生了颠覆性变化。那么，Proof of Existence究竟为什么会有如此大的作用？其工作原理是什么样的？

首先，网站会提供一个界面，用户可以将文件拖拽到上面，并且，文件内容不会被网站上传或复制，而是会被加密运算成哈希字符串；然后，网站会把哈希字符串插入一笔交易，并记录和存储到区块链中，而区块链的时间戳就可以成为文件建立时间的证明；最后，如果还需要对文件进行验证的话，只要做同样的操作，就可以获得相同的哈希字符串，从而证明文件的存在性和所有权。

这里需要注意的是，存在性证明对区块链有某些要求，如长久存在、稳定等。在这种情况下，如果区块链不能得到应有的维护，那么证明也不复存在。因此，选择比特币这样可靠性强的区块链是非常重要的。

第 9 章

区块链应用于慈善

不妨试着想象这样一个场景：在一个平台上，每一笔善款都可以被查询和追踪，公开透明，而且还可以将大量的公益组织、慈善机构纳入，一站式完成慈善公益活动的各个环节。这是不是可以改变慈善行业的现状呢？实际上，这样的场景已经不再仅仅存在于想象之中，区块链的兴起和发展，已经使其成为现实。从 2016 年开始，区块链在中国变得越来越火爆，公证、金融、医疗、大数据、慈善等多个领域都已经引入这一项新技术。下面我们将从慈善领域着手对此进行说明。

9.1 目前慈善领域存在的问题

2016 年，一篇题为《罗一笑，你给我站住》的文章“席卷”了无数人的朋友圈，引起了广泛的社会关注。从某种意义上讲，该事件与分享经济时代的大环境高度契合，与此同时，慈善领域存在的问题也逐渐凸显出来，例如，捐款人无法追踪善款用途、不透明带来的腐败问题、层层下拨带来的无谓消耗，本节将对这 3 个问题进行详细说明。

9.1.1 捐款人无法追踪善款用途

“这是初中同学的父亲，情况绝对属实，希望大家可以奉献自己的一份爱心”“亲戚病情危重，资金告急，恳请大家伸出援手”……打开微信朋友圈，经常可以看到这样言辞恳切的募捐信息。确实，随着互联网的迅猛发展，“互联网+”似乎已经成为公益的一条快车道。在面对医疗保险无法完全覆盖的重大疾病时，病患家庭会面临着各种各样的挑战，例如，治疗资金短缺、短期筹资困难等。因此，如何用最快的速度获得“救命钱”成为一个亟待解决的难题。

与寻求公益组织的帮助相比，通过网络公益众筹平台发起众筹的确要更加简单，众筹者只要将医院诊断证明、患者身份证、医药费账单发布到网上，然后附带一些恳切的言辞，就可以向广大网友发起求助，并得到一笔众筹资金。针对这一情况，南京某高校的一位青年教师说道：“在微信朋友圈看到熟知的同学或校友发起求助，一般都会力所能及地支持一下。而且，由于多是熟人转发的信息，感觉可信度也更高些。”

另外，大型众筹平台“轻松筹”的创始人于亮指出：“网络公益众筹打破了传统公益在时间和空间上的限制，通过社交熟人关系为大病患者提供了高效便捷、‘随手公益’的筹款渠道。”与此同时，中国慈善联合会副秘书长刘佑平也表示：“将众筹这个模式借鉴、移植到网络募捐，给中国的慈善行业和个人互助事业带来创新，也是对政府救助和慈善救助的有益补充。”

正是因为这样，个人求助众筹获得了良好发展，众筹项目也越来越多。以“轻松筹”为例，相关数据显示，2016年上半年，该平台一共发起了约4.5万个个人救助项目，筹款金额已经超过4.5亿元。

可以看到，像“轻松筹”这样的网络公益众筹平台正一步步走进公众生活，一方面，确实使一些有需求的人得到了帮助；另一方面，“骗捐”“敛财”等质疑声不绝于耳，平台存在的漏洞不断显现。很多人质疑：众筹得到的善款究竟“去”了哪里？

实际上，这样的质疑并不是空穴来风。2017年，杨姓女士通过微信朋友圈发布了一条虚假信息，谎称其父不幸感染了艾滋病毒，而母亲也已于一年前离开人世。信息发布后没多久，杨姓女士就筹集到了50余万元善款，但当时，那些好心帮忙的网友并不知道自己已经上当受骗。

目前，与上述事件类似的虚假个人网络求助不在少数，此外，善款募集虚高、募集资金监管不力、募集金额过于随意、善款支配不透明、善款用途难追踪等问题也时有发生。新闻曾报道过，一名女大学生在得到为病母筹集的善款以后，就不再更新和公开医药费账单、钱款花费明细等信息，导致捐款人无法知道自己的钱被用在了哪里。

业内人士认为，知名度高的众筹平台，很有可能会变成骗子行骗的“温床”。对于出现这一问题的原因，中国人民大学国家发展与战略研究院研究员、法学院副院长杨东说道：“众筹平台的准入门槛很低，一些平台项目审核把关不严，为一些人利用公众同情心卖惨敛财提供了可能。”北京市中闻律师事务所合伙人王维维也指出：“目前，互联网公益众筹平台处于野蛮生长的阶段，其在项目审核、流程监管、善款使用等方面都缺少清晰的行为及法律边界，曝出乱象是迟早的事。”

确实，把关不严、监管不力是众筹平台的弊病，而“轻松筹”则希望可以通过某些措施消除这些弊病。对此，于亮介绍说：“我们尽可能地严格审核，并在每个个人救助筹款页面中增加了‘举报’功能，一旦有人举报，我们就会暂停该项目的众筹，针对举报进行核查，包括实地的走访调查。”

但不得不承认的是，这种审核其实比较困难，除非众筹者自己配合，否则还是会出现沟通不畅的问题。于亮自己也表示，由于现行法律法规并不支持众筹平台干预善款的后续使用情况，因此，他们只能反复劝说众筹者公开善款的具体使用情况。

毋庸置疑，诈骗、善款用途难追踪等问题不仅影响了众筹平台的良好发展，也严重打击了捐款人的捐款积极性，从而使那些真正需要帮助的人得不到应有的帮助。因此，为了还社会一个良好风气，这些问题必须被尽快解决。

9.1.2 不透明带来的腐败问题

从胡润版的中国慈善排行榜来看，通过慈善机构进行资金捐赠的慈善家还没有超过半数，这从侧面反映了“慈善腐败”问题。

之前，提起中国民间慈善人物的代表，人们首先想到的一定是胡曼莉，而她也被冠以了“中国母亲”的称号。之所以会这样，主要是因为胡曼莉不仅收养了邻居家的一对兄妹，而且还在“美国妈妈”张春华的委托下，创办了“丽江民族孤儿学校”。

不过，从 1999 年“丽江民族孤儿学校”创办开始，张春华对善款的使用和学校的日常管理产生了多次质疑。于是，她花费了 7 年时间对胡曼莉进行了深入调查，并两次将其告上法庭。由于张春华的不懈努力，再加上当地政府和媒体的支持和帮助，胡曼莉的种种不良行为最终被暴露在世人面前，其慈善生涯也宣告结束。

胡曼莉事件为中国慈善事业敲响了警钟，当然，这样的事件并不是第一次发生，也肯定不是最后一次发生。而事实也证明，在中国慈善事业的发展道路上，这样的事件的确时有发生，例如，巨额善款成为某慈善组织领导人的挥霍资本、希望工程组织者涉嫌贪污等。

在这种情况下，如何保证善款不被贪污和挪用成为一个亟待解决的问题。慈善事业离不开法律法规的支持和保障，然而中国现有的法律法规，似乎还没有能力去承担起如此重大的任务，也无法推动民间慈善事业的健康发展。

对此，全国政协委员、暨南大学副校长周天鸿说：“慈善组织首先要提高公信力，作为连接捐赠方和受助方的桥梁和中介，慈善组织需要对捐款捐物的管理、使用、分配、经营的全过程负责，必须有一套透明的财务管理制度和社会公示制度；必须建立科学的运行机制，减少运行成本，防范腐败，保证慈善机构的顺利运转和慈善款物的绝对安全，树立起良好的社会形象，从而增强捐赠者的信心。”

通过周天鸿的这段话我们可以知道，要想解决不透明带来的腐败问题，还是要从慈善组织着手。当然，这一问题也不是单靠慈善组织就可以解决的，还需要政府和社会的支持和配合。此外，随着科学技术的不断发展，将某些科学技术融入慈善事业中，也有望成为解决腐败问题的有效手段。

9.1.3 层层下拨带来的无谓消耗

2017 年，某刘姓男士通过中国红十字基金会捐赠了一笔善款，用于援助乡村小学的建设。不过，该笔善款在援建项目完成后的 3 个月才全部到账，这样的到账速度引起了刘姓男士对红十字基金会的质疑。

据了解，刘姓男士通过中国红十字基金会捐款进行援建，从最开始的签署捐赠协议，到最后的捐赠工程挂牌，需要走的流程竟然近 40 个，而这一点也可以通过中国红十字基金会的《援建项目实施流程图》得到证实。对此，中国红十字基金会相关工作人员表示，现行运作模式确实存在很多不足，正在积极改进。

同时，中国红十字基金会宣传负责人李晶也表示，他们已经向刘姓男士道歉，也获得了对方的谅解，这件事已经圆满解决。另外，对于此次事件的原因，李晶解释说："出现善款拨付时间延误的问题在于，红基会与地方红十字会在沟通上存在问题。"这一解释也并非毫无道理。据悉，受捐方要想成功收到善款，必须经由地方红十字会层层下拨。

2016 年 6 月，中国红十字基金会与河北省红十字基金会，以及承德市红十字基金会签订了三方“援建协议书”。协议书明确规定。“项目执行完毕后，红基会将审验项目竣工验收报告、结算报告、照片。审验合格后，中国红十字基金会再下拨 50%的余款。”

李晶表示，在 2016 年 11 月 19 日，中国红十字基金会收到了受捐方寄来的工程竣工材料，4 天之后就把尾款拨给了河北省红十字基金会。但是，受捐方的确是在 2017 年 1 月 8 日才收到善款。

针对这一情况下，中国红十字基金会常务副理事长兼秘书长孙硕鹏表示：“红基会依托地方红会的项目运作模式存在着不安全、无效率和专业性不强等不足。”从目前情况来看，中国红十字基金会正在积极改革，并计划引进国际通用的项目官员制度，以便让项目官员督促项目的执行。与此同时，孙硕鹏还指出：“红基会的改革也与红十字会系统的改革相关联，以减少在项目执行过程中间不必要的审批环节，尽量采取属地管理、分级备案，加速项目的执行。”

通过刘姓男士的例子，其实不难看出层层下拨的弊端，一方面，会引起捐款人对慈善组织的质疑和不满；另一方面，会带来一些不必要的消耗。当然，中国红十字基金会的做法或许会在一定程度上改善这些弊端，但要从根本上消除这些问题还不太可能。因此，无论是慈善组织还是政府，依然需要在这方面不断探索。

9.2 区块链技术解决慈善难题

众所周知，区块链其实是一种分布式的记账技术，可以将所有交易信息记录并存储下来，保证其不被篡改，而这也在一定程度上决定，凡是需要公正、公平、信任的地方，例如，保险、公证、教育、慈善等领域，都需要区块链技术。事实上，在解决慈善难题方面，区块链的确有着天然优势。

9.2.1 透明化的善款筹集流程

前面已经说过，无论是记录信息还是细节，只要在区块链上做交易就一定是公开透明的。在这种情况下，每个人都可以通过互联网进入区块链平台网站查询相关信息。值得一提的是，这一过程并不需要任何成本。当然，除了查询过程，写入信息的过程也不需要任何成本，而且这种写入并不需要将写入者的身份公开，因此，具备一定的匿名性。

另外，因为区块链具有去中心化、公开透明等特性，所以，在需要去中心化、去信任化的场景下，区块链可以被很好地应用。从上一节讲述的内容来看，慈善领域存在诸多问题，而区块链的应用则可以为这些问题带来一些解决方案。

从“郭美美事件”到“罗尔求助风波”，中国慈善领域似乎已经被这样的“丑闻”搅得混浊不清，继而引发了民众对中国慈善事业的质疑和不满。在这种情况下，中国善款总额也呈现出逐年下降的趋势，并对弱势群体的帮扶产生了严重影响。实际上，如果仔细分析的话，民众对中国慈善事业的质疑和不满主要来源于慈善的透明化程度不够。

对于慈善组织而言，必须把公开透明当成自己的发展底线，于 2016 年 9 月正式施行的《中华人民共和国慈善法》（以下简称《慈善法》）要求慈善组织必须公开晒账，募捐信息必须在指定平台发布。同时，由于慈善组织实行的是自主管理模式，因此即使其受到了某些法律法规的约束，在监管机制方面还是会有所欠缺。必须承认，社会仅仅依赖道德标准去要求慈善组织的运营者，不仅是不可持续的，同时也是非常幼稚的，因为没有强制力保证的道德约束难免会显得比较脆弱。

由此来看，要想提高慈善的透明化程度，除了需要慈善组织的自律，还需要政府的协助。毋庸置疑，如果政府相关部门可以强化自己的监管职能、及时跟进各种检查手段、严格披露慈善组织的信息、谨慎审核各类财务报表，是有利于提升慈善组织的透明化程度的。

另外，慈善流程中的一些重要信息（例如，善款筹集明细、善款流向等）都可以记录、存储在区块链上并进行公示。不仅如此，区块链中的智能合约还可以对定向捐赠、有条件捐赠等比较复杂的公益场景进行管理，这样慈善行为就可以在社会监管下变得更加透明。

前面已经说过，慈善领域存在捐款人无法追踪善款的问题，在这一问题的影响下，善款是否可以真正帮助受助对象已经不能确定。然而，应用了区块链以后，慈善资金流可以被实时写入，从而使善款的去向一目了然。这主要是得益于区块链强大的分布式共享记账能力，可以将那些散落在各个地方的慈善信息汇集在一起并进行公示。

9.2.2 建立人人可查阅的公益账本

2016年9月，蚂蚁金服宣布试点“公益账本”透明化，目前也已经取得了非常不错的成果。而这也在一定程度上表示，借助区块链的强大力量，公益账本的确有望做到真正意义上的公开透明。

实际上，除了蚂蚁金服，还有很多互联网企业也开始关注并尝试将区块链引入公益项目。虽然这一过程充满了困难和波折，但当区块链的作用和价值得到越来越多的企业重视的时候，公益透明化的实现速度也会越来越快。讲到这里，就会出现一个问题：为什么那么多企业都想用区块链做公益账本呢？主要原因是用区块链做成的公益账本有着比较明显的优势，主要体现在如图9-1所示的两个方面。

对于捐款人来说，最重视的事情是自己捐助的善款到底有没有送到受助人手中。从目前的情况来看，中国的慈善体制存在一些比较突出的问题，例如，信息公开化程度较低、涉及环节过多等。由于大多数捐款人都不知道善款的具体用途和去向，所以他们难以对中国的慈善事业产生信任和依赖。

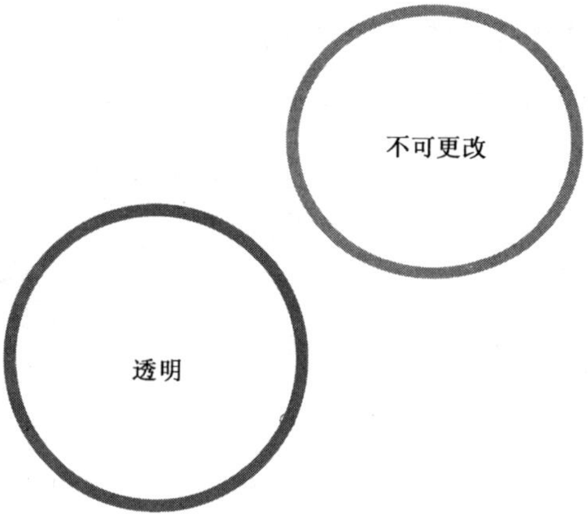

图 9-1　用区块链做成的公益账本的优势

之前我们提到过蚂蚁金服打造了一个实验性慈善募集项目：只要捐款人能够资助 10 名贫困听障儿童，就可以在支付宝爱心捐赠平台的“爱心传递记录”中看到自己的善款被打包成一个“包裹”。

不仅如此，从捐款一直到支付宝平台给项目执行划拨善款，这一过程中的每一个节点都会被盖上“邮戳”，而且这里所说的“邮戳”还可以为捐款人公开查询某些重要信息（例如，物流信息、银行信息等）提供便利。与之前的公益公开流程相比，蚂蚁金服的慈善募集项目可以对善款流动的每个环节进行细化，与此同时，还可以保证所留信息的永久有效。

据悉，该项目的主要目的是，当善款进入支付宝平台以后，区块链可以记录并存储善款流动的整个生命周期，从而形成一个完整的生态闭环。另外，由于所有节点都遵循共识性原则，因此，信息可以在每个节点得到同步，而这也促进了多方记账的实现。

记得蚂蚁金服资深架构师赵尊奎曾在某次采访中说过："区块链是一种具有不可篡改特性的数字账本，它的公开、透明等特性与公益有着天然的耦合点。"而这似乎也是蚂蚁金服积极布局"区块链+公益"的一个主要原因。

此外，赵尊奎也曾向记者表示："有些公益项目场景略显复杂，引入的合作方比捐款项目要多，对区块链技术和共识机制提出的要求也更高。比如，有些国际扶贫项目，向非洲运送物资，参与方除了公益机构，还可能涉及电商平台、物流公司等。"可以想象，在未来，区块链很可能会应用到越来越多的公益场景当中，不仅如此，区块链上的合作方也会越来越丰富，而这也导致了对技术构架的要求大幅度提高。

据了解，蚂蚁金服打造的这个慈善募集项目已于2016年正式完成。从捐款页面来看，捐款人姓名、捐赠时间、受助人姓名、善款金额及其划拨时间等信息都已经被详细记录并进行了公示。这样捐款人可以随时对自己需要的各种信息进行查询，可以说，该项目的确实现了公益账本的透明化和人人可查阅的目标。

对于区块链在慈善领域的应用，商务部国际经济技术交流中心小额信贷管理办公室主任、中国小额信贷联盟秘书长白澄宇说道："用区块链做公益，应该是一种在捐款人与受助者之间建立信任关系，从而实现直接支付的方式，而不是像传统的由基金会决定合作项目并管理资金，再给捐赠人报账的方式。"同时白澄宇还表示，区块链的用途绝对不是炒作，而且公益也并不是一种交易行为，而是单方面的给予，鉴于此，如何做公益账本，可能还需要进一步思考。

确实，从目前的情况来看，在平台自有能力的助力下，"区块链+

公益”虽然成功打开了公益基金会的记账、银行端的记账等环节，但与整个社会一起记账相比，仅仅是迈出了第一步。由此来看，“区块链+公益”还有一段比较长的路要走，不过我们相信，当走完这条路以后，其作用和价值就会充分发挥出来。

9.3 区块链慈善具体应用

“区块链+慈善”似乎已经成为一个非常火爆的名词，腾讯和阿里巴巴都忙着在这上面布局。其中，前者推出了公益寻人链，后者推出了支付宝爱心捐赠平台，这都属于区块链在慈善领域的具体应用，下面我们将对此进行详细说明。

9.3.1 腾讯公益寻人链

对于一个家庭而言，最幸福的事情是可以享受天伦之乐。不过，相关数据显示，在中国，每年都有数百万个家庭遭受儿童失踪的摧残。据悉，腾讯可信区块链研究院已于2017年10月推出了一个公益寻人平台——公益寻人链。该平台的目的是为了让更多的失踪儿童可以顺利回归自己的家庭。

腾讯公益寻人链将腾讯内部的多个公益寻人平台连接在了一起，一方面，实现各大公益寻人平台之间的信息交换和共享，从而有效解决了信息孤岛问题；另一方面，使公益寻人的协同效率有了大幅度提升。值得一提的是，这不仅是腾讯区块链方案白皮书正式发布后的又一产品落地，同时也是一次让区块链更有“温度”的全新尝试。对于腾讯公益寻人链，我们可以从图 9-2 所示的几个方面进行详细说明。

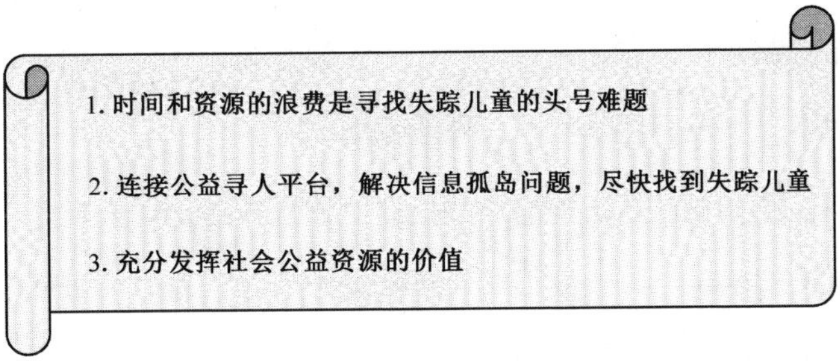

图 9-2　腾讯公益寻人链的要点

1. 时间和资源的浪费是寻找失踪儿童的头号难题

之前，寻找失踪儿童的头号难题是时间和资源的浪费，为了有效解决这个头号难题，腾讯寻人团队始终都在努力。最开始，一批员工志愿者开启了“寻人模式”；2012 年，人们可以通过 404 错误页面发布失踪儿童的详细信息；2014 年，借助社交广告定位功能的力量，腾讯紧紧把握住了寻找失踪儿童的“黄金 72 小时”，当然，还有被冠以中国版“安珀警报”的“QQ 全城助力”。

在这一过程中，腾讯内部的多个团队都贡献出了自己的力量，而这也是腾讯寻人之路可以越走越好的一个重要原因。相关数据显示，截至

2017年3月底，腾讯寻人团队已经发布了近1500个走失人口案例，最终成功找回437人，平均找回率达到30%。

然而，在这些数据背后，还隐藏着一直困扰着腾讯寻人团队的难题，其中最令他们头疼的是“时间”，要知道，有没有紧紧把握住“黄金72小时”，很大程度上直接决定了可不可以成功找到失踪儿童。

急得焦头烂额的家人们在各个公益寻人平台一次又一次地注册、登录、发布失踪儿童信息、等待审核……主要是为了让更多的人看到，因为多一个人看到，找回失踪儿童的希望就会多一分。

另外，经历了前面所说的那些烦琐的流程以后，失散家庭还要对各个平台提供的线索进行不断追踪，目的是不放过任何一点可能性。由此可见，如果公益寻人平台之间无法实现信息交换和共享，那么就会严重影响失踪儿童的成功找回。

然而，前面已经说过，除时间的浪费以外，寻找失踪儿童的难题还有资源的浪费。例如，通过某个公益寻人平台，失踪儿童已经被找到，但其家人并没有在第一时间通知其他公益寻人平台。这样其他公益寻人平台无法对寻人启事进行及时更新，也无法以最快的速度将有限的资源提供给其他失散家庭。

想象一下，如果失踪儿童的家人只需“一点发布”，就可以将各个公益寻人平台连接在一起，实现失踪儿童消息的实时同步，那么他们就可以腾出更多的时间去寻找失踪儿童；如果每个公益寻人资源位都可以被充分利用起来，并随时提供给最需要的失散家庭，那么找回失踪儿童的可能性会大幅度提高；如果有越来越多的公益寻人平台，持续不断地加入，就会有越来越多的机会可以在第一时间让更多的人来寻找失踪儿童。而以“区块链+公益”为核心的腾讯公益寻人链可以让这些想象变成现实。

2. 连接公益寻人平台，解决信息孤岛问题，尽快找到失踪儿童

腾讯区块链方案正式应用到公益领域以后，各大公益寻人平台都被连接在了一起，从而有效解决了信息孤岛问题。另外，腾讯可信区块链将中国的实际情况与国际上成熟的寻人协议“PFIF”相结合，并借助其成熟的平台层模型——共享账本，成功地将公益寻人链构建了起来。

对于那些已经应用了公益寻人链的公益寻人平台来说，不仅可以与其他公益寻人平台进行数据的交换和共享，还可以使自己的数据始终保持独立。毋庸置疑，区块链兴起和发展以后，各大公益寻人平台之间的协作已经变得越来越高效。

以前，失踪儿童的家人需要在各个公益寻人平台上发布信息，现在只要在一个公益寻人平台上发布，公益寻人链上的所有公益寻人平台都可以接收到信息。不仅如此，无论哪一个公益寻人平台更新了失踪儿童的线索，其他公益寻人平台也会实时同步。

由此来看，区块链连接了信息的发布渠道，让之前“各自为政”的公益寻人平台实现了联动贯通，从而达到“1 加 1 大于 2”的效果。更重要的是，可以帮助更多的失踪儿童回归自己的家庭。

目前，腾讯志愿者旗下的多个公益寻人平台都将应用腾讯区块链技术，其中最具代表性的有“电脑管家寻人”“广点通寻人”“微信小程

序寻人”“404 寻亲广告”“优图寻人”“手机管家—小管寻人”等。作为公益寻人平台之间的连接器，腾讯区块链为社会公益开辟了一条新道路，如果公益寻人链能够吸引越来越多的公益机构，那么找回失踪儿童的概率也会越来越高。

3. 充分发挥社会公益资源的价值

腾讯公益寻人链也有效解决了寻找失踪儿童的资源浪费问题。具体来说，当失踪儿童被找到以后，公益寻人链上的所有公益寻人平台都可以收到消息，从而为新的寻人信息提供相应的资源位。

随着公益寻人链上各公益寻人平台的深入合作，还可以逐步建立完善的信任评分机制，目的是将那些虚假和无效的寻人信息筛选出来。一方面，有利于大幅度提升寻人信息的真实性和有效性；另一方面，有利于社会公益资源价值的进一步发挥。

腾讯公益寻人链可谓是“区块链+公益”的一个经典产物，未来，像这样的产物还会越来越多。到了那个时候，不仅中国的公益慈善事业会有进一步发展，社会风气也会有更大的提升。

9.3.2 支付宝爱心捐赠平台

除了上一节讲到的腾讯,同为 BAT 三巨头之一的阿里巴巴也正积极投身于这场改变公益生态的新实验当中。据悉，蚂蚁金服旗下的支付宝爱心捐赠平台已经正式引入了区块链这一新兴技术，同时还会向广大公益机构开放。这也表示，只要签约的公益机构通过了支付宝爱心捐赠平台的审核，就可以自助发布以区块链为基础的公益项目。

值得一提的是,壹基金与中国红十字基金会成为最先敲开支付宝爱心捐赠平台大门的两个公益机构。2016 年，中国红十字基金会的第一个区块链公益项目——“和再障说分手”正式上线，并公示了详细的实时账目。在这之后，支付宝爱心捐赠平台吸引了越来越多的公益机构。那么，这一平台的吸引力究竟体现在哪里呢？我们将从图 9-3 所示的几个方面进行详细说明。

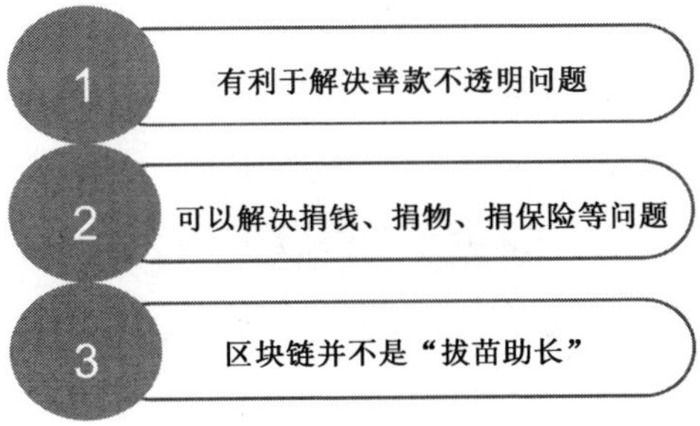

图 9-3 支付宝爱心捐赠平台的吸引力

1. 有利于解决善款不透明问题

简单来说，区块链其实是一项“不可篡改的数字账本”技术，将其应用到公益领域，一个重要的优势就是其自身所具备的公开、透明的特点。2016 年 7 月，蚂蚁金服与中华社会救助基金会达成了合作，共同小规模试水区块链公益。在那个时候，部分专家学者就已经断言，区块链可以有效解决公益财务不透明这一问题。

网络公益平台借助操作便捷和流量巨大这两大优势，使公益变得越来越平民化。在这种情况下，公益慈善事业的主要问题已经由公民捐献意识的薄弱及资金的短缺变成了“物不能尽其用”。确实，对于捐款人来说，最想知道的应该是自己的钱究竟被用到了哪里，而区块链技术可以很好地回答这一问题。

壹基金有一个非常知名的“海洋天堂计划”项目，该项目的主要目的是让贫困家庭的自闭症孩子可以获得良好的行为训练。对此，壹基金副秘书长在接受采访时曾表示，区块链公益项目中，从捐款人捐出善款一直到受助人收到善款的过程，都必须在支付宝后台完成，不仅如此，区块链还会将其记录并存储下来，进行公示，管理费也不例外。此外，他还说道：“壹基金服务公众、接受公众问责的理念正好与区块链技术的发展理念吻合，也利于落实《慈善法》信息公开透明的要求。”

当然，除了壹基金的“海洋天堂计划”项目，中国红十字基金会的“和再障说分手”项目也不可不提。据悉，在该项目的页面上，捐款人只要点击“爱心传递记录”，就可以对善款流向进行查询和追踪。此外，捐款记录、筹款现状、捐款时间、捐款金额等重要信息也可以被捐款人查询到。而且善款筹集结束以后，拨付善款的时间及每一位受助人收到善款的时间都会被公示出来。

中国红十字基金会众筹项目中心主任胡伶曾表示，在由基金会中心网和清华大学联合制订的基金会透明度排行榜中，中国红十字基金会的排名一直都非常靠前，而且也受到了其他基金会的认可，不过，并不是每一位捐款人都可以深刻地感受到这些。另外，她还说道："之所以选择发布区块链公益项目，是希望借着技术革命的潮流和红利，让更多人对我们的项目执行流程有直观体验，争取更多的理解和信任。"

2. 可以解决捐钱、捐物、捐保险等问题

众所周知，过去这些年，蚂蚁金服和阿里巴巴已经在多个领域（如电商、支付、云计算等）积累了大量先进技术，而支付宝爱心捐赠平台使用的区块链在吸收了这些先进技术的基础上，进行了自主设计和研发。对此，蚂蚁金服资深架构师赵尊奎说："蚂蚁金服的区块链技术在不断完善升级，已经具备了云上的部署能力。"同时他还指出："蚂蚁金服正在建设一个开放的'信任链'。作为一个以信任为核心的云服务，它可以提供可信数据库、可信资金交易、可信资产交易、可信链接服务，也可以提供可信的公益服务。"

部分专家学者认为，蚂蚁金服将在区块链的助力下，对合作伙伴的记账节点进行逐步扩展。实际上，这也意味着，除了捐款，区块链还可以解决传统公益项目的一些问题，例如，运营、信息公开、财务等。举一个非常简单的例子，某公益保险项目中的理赔机构可以将自己"账本"同步到云端，要想让"账本"有效的话，就必须得到所有参与方的共同

确认。

3. 区块链并不是“拔苗助长”

据悉，只要是具备公募资格的公益机构，都可以在支付宝爱心捐赠平台自助发布区块链项目。不过，公益机构也可以自主选择是否要使用这项技术。对此，蚂蚁金服社会责任总监刘琴说道：“我们希望成为中国公益透明化的推动力，而不是拔苗助长。支付宝上的爱心捐赠平台已经运营多年，我们看到公益机构的执行和财务能力都在不断提升，也许有一天，这个选择键可以取消。”

另外，中国红十字基金会的胡伶也表示：“区块链技术为公益透明化操作提供了解决方案，但资金拨付并不是一个项目的终结，对受益人接受帮助后的境况的跟踪与反馈，不仅是对捐赠人的交代，更是持续不断关注社会问题发展的方式。这一过程需要更多社会力量的加入。”

“区块链+慈善”的方向是有“温度”的救助，有着非常大的想象空间，一方面，有望推动中国慈善公益事业的发展；另一方面，有望倒逼区块链技术的成熟和进步。

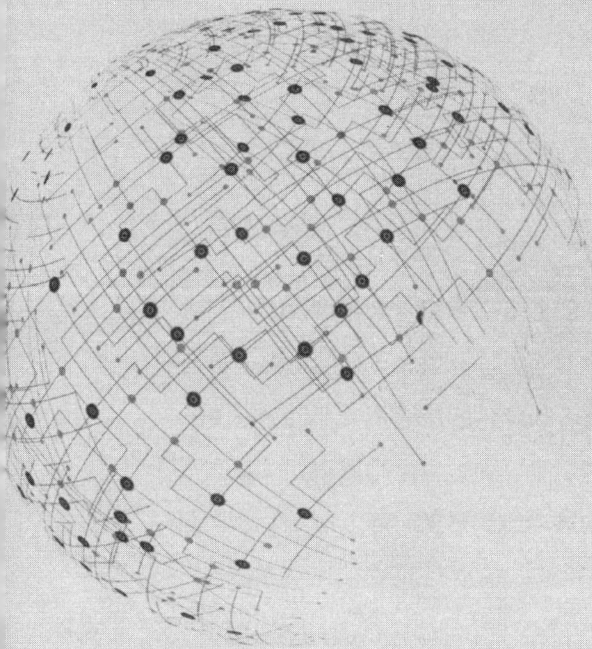

第 10 章

区块链应用于医疗

目前，在虚拟环境下提供的医疗服务正在变得越来越多，因此，对于监管机构、患者、医疗机构、供应商而言，开放且可行的追踪、验证将会是非常重要的。在不少专家和学者眼中，区块链是一个近乎完美的技术，它不仅可以在保护隐私权的情况下方便、安全地获取相关数据，而且还可以将患者及其利益相关者的风险降到最低。可以说，医疗非常有可能成为区块链的一个主要受益领域，本章对此进行详细说明。

10.1 区块链在医疗领域的机遇

目前，很多国家都制定了以数字医疗为目标的战略或政策，此举极大地增加了某些数字健康记录（例如，电子医疗记录、电子健康记录等），以及其他健康信息技术系统或基础设施的使用。不过，无论这些数字计划究竟怎么样，健康数据的完整性、真实性、安全性依然没能得到应有的保障，医疗工作效率低下的问题也没有得到解决，各方之间的数据孤岛更是越来越明显，这些都促使医疗行业遭遇了前所未有的大瓶颈。

然而，区块链技术的潜在应用似乎可以很好地缓解医疗行业陷入瓶颈的状况。可以说，区块链在医疗领域的机遇已经非常多，具体包括以下几个：应对医疗网络安全挑战、健康数据的交换和共享、增强参与医疗计划的可靠性、促进精准医疗发展。本节对此进行详细说明。

10.1.1 应对医疗网络安全挑战

为了确保数据安全和隐私，医疗行业已经制定了非常严格的政策和法规，但即使如此，也还是不得不想办法应对网络安全挑战。另外，为了更好地管理医疗数据，从而大幅度提升护理质量，无论是医疗系统，还是药品及设备制造商，或是支付者，都需要一个既安全又健康的 IT 生态系统。

从 2017 年 IBM Security 和 Ponemon 研究所联合提供的数据来看，因防止医疗数据泄露而产生的费用较之前有了较大的增加，平均每个记录的维护费用已经超过 350 美元，达到了 380 美元。而与之相对的是，其他行业的数据维护成本却有所下降。

由此来看，网络安全威胁正在或已经成为医疗领域所面临的严峻挑战。2016 年，强生曾向其患者表示，黑客很容易对他们的“OneTouch Ping”胰岛素泵发起攻击，必须格外小心；2017 年，美国食品和药物管理局也宣布圣裘德医疗心脏设备存在非常严重的网络安全漏洞。

的确，与之前相比，黑客破解医疗设备的能力已经有了很大的提高，为此，医疗设备制造商必须做好这方面的技术防御工作。

与现有的安全系统相比，以区块链为基础的安全系统是有很大不同的，其使用内置的密码学技术在分布式网络上运行。在这些技术的助力下，所有的数字都不可被篡改，同时也不可被轻松破解。可以说，区块链中的技术及区块链自身所具备的独特属性像额外的保护层，有利于最大限度地减少网络安全威胁。

所以，无论是医疗系统，还是医疗技术公司，或是医疗设备制造商，都可以依靠区块链技术使自己的设备识别管理功能大幅度增强。这不仅可以推动医疗物联网的普及，而且还可以为患者生成的健康数据提供选择性的访问权限。

10.1.2 健康数据的交换和共享

必须承认，健康数据的交换和共享既是非常复杂，又是非常不安全的，然而，随着数字化趋势的渐趋明显，这又变成了一个促进医护协调的必要条件，所以，我们不得不提起高度的重视。

实际上，如果从真正意义上来讲，健康数据的交换和共享并不只停留在基础信息层面，其涉及的信息更多应该是两个或两个以上的系统或实体之间基于彼此信任而产生的问责性信息。与此同时，健康数据的交换和共享也已经从基本概念上升到了技术层面，例如，其可行的框架是不是完整？现有的健康 IT 系统又是不是完整？

在这种情况下，虽然数字健康解决方案及 EMR/EHR 系统被频繁使用，但因为数字工作流的可信程度正在变得越来越低，所以，集中化的数据管理模型、各种各样的 HIS 系统还是已经形成，从而使网络威胁分子窃取健康数据的难度有了大幅度降低。

对此，区块链可以提供一种完美的共享解决方案。具体来说，区块链自身所具备的独特属性提供了一个可信的、无法篡改的工作流，并在某些方面（例如，健康数据管理应用程序的能力最强化、健康数据交换共享网络的安全威胁最小化……）形成“单一数据源”，从而为系统及模型的完整性提供了强大的保障。

通过提供一个交换和共享平台，区块链可以对健康数据的交互起到分散作用，与此同时，还可以形成访问限制，从而保证交互的完整性和真实性。另外，如果在现有 HIS 系统上加入区块链，这个系统就相当于拥有了额外的信任和安全层，并且也不再需要传统数据交换和共享工作流中的管理员和注册会员，从而使管理效率大幅度提升。

10.1.3 增强参与医疗计划的可靠性

随着数字健康解决方案的出现，生活方式数据和个性化健康数据也开始大量产生，而这也在一定程度上反映了医疗消费主义趋势的凸显。从目前的情况来看，已经有越来越多的人愿意接受医疗信息的推送，同时也希望可以参与各种各样的医疗计划。

Frost&Sullivan 研究机构提供的数据显示，在美国，69%的人会对自己的健康情况进行追踪，74%的患者会接受与医疗相关的推送消息，例如，康复护理新闻、病情预警信息等。而如果患者不被赋予查看健康记录的权力，41%的患者会选择更换医生。

不过，大多数并未患病的人表示，目前，在初级保健方面，很多保健企业的参与医疗计划并没有太大的吸引力。此外，还有一部分患者表示，这些保健企业也不能提供一套个性化治疗方案。

作为一种开放源码的工具，区块链可以通过点对点数据共享网络模型，根据之前已经定义好的访问规则，提供非常强大的身份管理功能，不仅可以帮助患者控制自己的健康数据，还可以使参与医疗计划的可靠性大幅度增强。

除此以外，区块链还可以在记录和存储患者健康数据的同时，为患者提供一个简化的数据视图。更值得一提的是，无论是未患病的人，还是患者，都可以用匿名的方式将自己的健康数据进行分享，从而推动医疗研究的进一步发展。

10.1.4 促进精准医疗发展

在对药品价值进行证明的过程中，制药公司面临着非常大的压力。相关数据显示，因为没能提供预期的效果，每年都会有 3000 亿美元左右的药物被浪费，但是，比浪费更可怕的是，患者也会因为服食这些药物而产生极为痛苦的不良副作用。在这种情况下，制药公司必须转变当前的药物开发模式，具体来说，在开发药物时，必须以患者为中心，只有这样，才可以实现真正意义上的靶向治疗。

事实上，以患者为中心进行药物开发就是精准医疗的一部分。精准医疗这一概念的出现，也预示着医护交付领域的范式将发生翻天覆地的变化。另外，随着精准医疗的不断发展，个性化的健康数据似乎也逐渐成为其“圣物”，但不得不承认的是，精准医疗也面临着很多这方面的挑战，例如，健康数据的交换、共享、所有权、有效性、真实性、隐私等。

从目前的情况来看，与健康数据有关的法律和伦理框架存在不少问题，其中最突出的是怎样才可以实现个性化健康数据和基因组学研究之间的完美交换。而因为区块链的安全基础设施是非常完善的，所以其可以有效解决这一问题，从而促进精准医疗的不断发展。

可见，在本节提到的几个数字化项目当中，区块链已经展现出了超然的能力，以及不可避免的融合潜力，而且也确实达到了很好的效果。一方面，区块链可以帮助医疗领域应对一些严峻挑战，例如，网络安全、健康数据的交换和共享、参与医疗计划的可靠性等；另一方面，区块链还可以在优化现有的 IT 系统的同时引入全新的医疗模式，从而使医护协调现状得到大幅度改善。

不可否认，在实现医疗数字化方面，区块链确实有能力和潜力，但其并不能成为医疗领域中的通用解决方案。从这一个角度来看，医疗领域的利益相关者必须在审视实际情况的基础上，谨慎评估和判断区块链的真正价值，切不可盲目跟风。

10.2　区块链在医疗领域的具体应用场景

实际上，很多专家学者认为，医疗领域可能是继金融领域之后，区块链的第二大应用领域。在现实生活中，时常会发生患者隐私泄露的情况，医疗机构的中心化数据库已经不再是记录和存储患者隐私的最优选择。另外，随着基因数据检测手段及指纹数据应用的逐渐普及，隐私泄露带来的后果也变得越来越严重，而区块链因为其自身所具备的特性，也许已经成为当下的一个最佳保管方案。

当然，区块链的优势并不仅仅体现在保护患者隐私方面，同时也体现在其他的很多方面，例如，保证医疗网络安全、促进精准医疗发展等，而这也是区块链能在医疗领域得到有效应用的主要原因。目前，区块链在医疗领域的具体应用场景已经有很多，主要包括区块链电子病历、药品溯源、DNA 钱包、蛋白质折叠等。

10.2.1　区块链电子病历

如果对当前市场情况进行仔细分析的话，我们可以发现，传统电子病历在临床中的使用存在诸多问题，主要包括图 10-1 所示的几个方面。

图 10-1 传统电子病历存在的问题

1. 数据难以互联互通

通常，数据的互联互通主要包括两个方面，一个是政府级的区域共享平台，其任务是采集相关数据、促进个医疗机构之间的互联互通；另一个是医疗机构内部电子病历与其他系统的结合。无论是哪一个方面，要想为数据的互联互通提供安全保障，都必须使用更加先进的技术。

2. 操作烦琐

因为电子病历的操作既复杂又烦琐，所以，医生在录入数据的过程中，经常会感觉到疲倦，从而对录入数据的完整性和真实性产生严重影响。

3. 缺乏有效的存储平台

医院基于电子病历部署大数据平台，应用于科研或临床，这需要让每家医院、每款软件背后的软件公司开放数据接口。但企业往往漫天要价，消极配合，一拖再拖。如果没有一个有效的平台集中存储大规模、多源异构的医疗数据，数据的挖掘只能以手工作坊式的方式进行。

4. 缺乏数据的结构化录入

之前，医生都是通过文字的形式将病历记录下来，因此，在使用电子病历的时候，难免会缺乏数据的结构化录入。在这种情况下，如何对存量数据进行准确的结构化处理成为一个亟待解决的难题。

5. 难以满足病种专业化需求

在满足病种专业化需求方面，传统电子病历系统存在较大的缺陷。而且，医生在重大疾病领域对临床数据提出的个性化需求，传统电子病历系统更是无法满足。

6. 相关价值亟待挖掘

基层医生因为缺乏实践经验而经常出现误诊、漏诊的情况，严重时还有可能造成医疗事故。然而，各大医疗机构内部的电子病历所具备的巨大价值却还没有被挖掘出来，再加上老医生的忙碌，导致基层很难获得先进的诊疗经验。因此，大型医疗机构应该尽快挖掘电子病历的真正价值，以便推动基层医疗事业的进步和发展。

区块链是一项集合了安全性、开放性、保密性、数据库等多种功能的新技术，可以有效解决上述传统电子病历存在的问题。作为具有严密组织架构的授权账本，区块链可以将患者病历记录并存储下来，这将会对医疗领域的病历处理方式产生颠覆性影响。

只要是区块链的参与者，就可以保留记录，并且所有参与者的信息都是一致的，这也意味着，恶意篡改信息的行为将不会再出现，区块链上的数据也会变得更加安全。下面具体介绍以区块链为基础的电子病历系统的工作原理。

当患者到医疗机构就诊时，医疗机构会把患者的病历信息上传到区块链，同时还会为这些信息打上时间戳，再进行加密。这样一来，患者的病例数据会被记录和存储在区块链当中，而且谁都不可以对其进行篡改。另外，区块链电子病历的密钥也由患者自己持有和保管，别人根本无法随意查看，因此，区块链电子病历可以大幅度提高病例数据的保密性。

区块链电子病历系统建立以后，只要征得了患者的同意，每一个医疗机构都可以查看到相同的患者病例信息。通过一致性算法，区块链在很大程度上保证了病历数据的准确性，例如，如果某医疗机构的医疗信息显示患者血型为 O 型，但其他医疗机构对相同患者的血型记录是 B 型，那么患者血型为 O 型的信息就不会被记录和存储在区块链当中，同时系统还会提示信息不匹配。这种方式不仅可以保护患者的医疗病历信息，还可以使患者不必在每次去新的医疗机构就诊时都重新记录病例数据。

就当下实际情况而言，区块链电子病历还未得到全面推广，需要解决的问题还有很多。不过，虽然区块链电子病历系统的最终模样并未确定，但有一点是非常肯定的，那就是区块链和电子病历系统已经成为一个不可分割的整体。

2017 年 8 月 17 日，阿里健康与常州市进行合作，共同推出了“医联体+区块链”试点项目。据悉，在该项目的影响下，区块链已经被成功应用到常州市医联体底层技术架构体系当中，而且当地部分医疗机构之间也实现了数据的互联互通。

当然，“区块链+医疗”的案例并不是只有这一个，未来还会越来越多，在这种情况下，积极拥抱新趋势、新时代，成为医疗行业的重中之重。

10.2.2　药品溯源

将区块链与物联网结合在一起，每个产品就可以通过物联网的方式记录和存储到区块链当中。另外，因为公共账本具有不可篡改的特性，而且可以提供验证服务，所以，如果将条形码、二维码、射频识别等印刷或粘贴在药品外包装上，那么无论是药品供应链上的所有节点，还是价值链上的所有节点，都可以被追溯。这也表示，只要供应链或价值链上的环节出现了问题，我们可以在第一时间发现并找到源头。

2017 年 6 月，在紫云微追溯小程序上，郑州奥林特药业发往江西的药品的生产与流通数据已经可以被全程追溯。然而，这还不是最大的亮点，最大的亮点应该是紫云股份的区块链平台将会记录和存储郑州奥林特药业的所有追溯数据，并且可以保证这些追溯数据不被篡改。这样一来，奥林特药业的产品质量、美誉度、影响力都可以得到大幅度提高。

郑州奥林特药业在药品追溯方面的成功实践，也从侧面反映出中国首个以区块链为基础的药品追溯服务平台——紫云药安宝药品追溯云服务平台已经取得了非常不错的成果。据悉，紫云股份从很早之前就已经在药品追溯领域辛勤“耕耘”，并于 2016 年正式推出了药品追溯云服务平台，接着又和多家医药企业（例如，民生药业、河南华润医药、美邦药业）达成了合作，主要目的是尽快扩大自己在药品追溯领域的竞争力和知名度。

在中国，紫云股份的药品追溯云服务平台第一次实现了“一物一码，码物同追”的模式，弥补了因为只追码而造成的医药供应链漏洞。

另外，在医药物流外包模式的助力下，该平台将药品的物流数据与药品监管码的流向数据融合在了一起，并使二者可以相互验证，从而很大程度地保证了码、物数据的一致性。这样一来，医药供应链的闭环就可以形成，假冒伪劣药品也就会被挡在医药供应链之外。

除此以外，紫云股份的药品追溯云服务平台还可以对药品在流通过程中的温湿度数据进行追溯，从而为药品的质量管控情况提供证明，确保药品不会因质量管控不到位而出现质量下降的问题。值得一提的是，该平台还推出了为用户追溯药品的服务，用户只需要关注紫云微追溯小程序，就可以全方面追溯自己已经购买或想要购买的药品，这不仅有助于用户买到真正放心的好药，也有利于保障用户的用药安全。

2017 年 3 月，紫云股份将区块链引入紫云药品追溯云服务平台当中，在这之后，区块链可以记录和存储所有的药品追溯数据，从而极大地保证了这些数据的真实性和完整性。此举不仅提升了紫云股份的知名度和影响力，还使紫云股份作为第三方药品追溯平台的地位得以确立。据了解，美国 FDA 使用区块链对处方药进行追溯的时间是 2017 年 3 月，由此来看，紫云股份的药品追溯云服务平台确实比较领先。

实际上，除了郑州奥林特药业，河南美邦药业也和紫云股份达成了合作，开始走上药品追溯的道路，北泠药业、邦仁药业也紧随其后，纷纷实现了与紫云股份的合作。2017 年 5 月 18 日，在中国医药商业协会领导下发起的医药流通行业区块链联盟正式成立，据悉，该区块链联盟的主要成员包括紫云股份、上药股份、九州通医药集团股份有限公司、国药控股物流有限公司、华润医药商业集团等。

可以看到，对于整个医疗领域而言，以区块链为基础的药品溯源已经成为一个共识，而这一共识也肯定可以推动药品质量的提升和医药行业的不断发展。

10.2.3 DNA 钱包

如果将区块链应用于数据存储方面，就可以形成 DNA 钱包，而这个 DNA 钱包也可以通过设置私人秘钥的方式来确保基因和医疗数据的保密性。另外，值得一提的是，在 DNA 钱包的助力下，医疗机构能够更加安全地对患者数据进行存储、统计、分享，从而提升医药企业研发药物的效率。因此，无论是对于医疗机构来说，还是对于医药企业来说，

DNA 钱包都是非常有利的。接下来我们从图 10-2 所示的两个方面对 DNA 钱包进行详细说明。

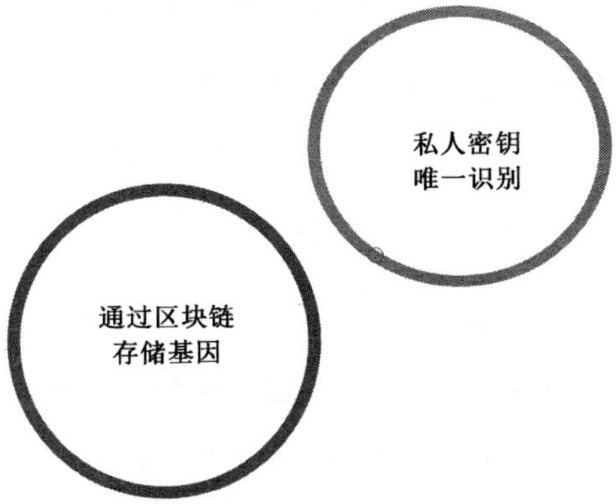

图 10-2 DNA 钱包的重点

1. 通过区块链存储基因

随着个人基因排序知识的逐渐普及，全球 70 多亿人对安全存储基因的方法也有了越来越迫切的需求。相关数据显示，个人基因的变化普遍没有超过 1%，理论上可以被压缩到 4 B。而人类基因中包含的碱基对已经达到了 30 亿个左右，因此，用比特来实现对其的存储是非常不现实的。

另外，对基因数据进行存储主要是为了研究染色体。在几个变量的基础上，个人染色体的数据可以发生变化，也就是从 50 MB 变到 300 MB。简单来讲，如果一个人的基因数据需要花 600 亿字节（3 亿个碱基对乘以 2）来存储，可以利用 GARLI 技术对基因数据进行压缩。那么，被压缩后的基因数据会存储在什么地方？又该怎样获取相关数据呢？对于基因存储而言，这些问题都是必须解决的。

DNA.bits 高科技技术公司可以应对绘制大量临床数据集的挑战，据悉，该公司成立于 2014 年，一直在区块链密码学领域辛勤“耕耘”，希望可以研究出一种匿名且安全可靠的方式来解决某些疑难问题，例如，基因数据交换和共享、数据查询和追踪、健康数据互联互通等。通过比特币平台，DNA.bits 可以使不同数据源的数据聚集在一起，而且这一聚集还是在不建立中央数据库的情况下进行的。

DNA.Bits 指出：“人们对基因、健康及疾病相互作用的理解与未来的药学、药理学及预防医学方面的突破密切相关。因为每个人的基因组及生活方式都不同，导致相同的治疗方案在不同的人身上的影响也不同。”

如果利用区块链存储基因和医疗病史档案的办法真的可以被 DNA.Bits 研制出来，那么研究人员就能用一种更加方便，也更加快捷的方式搜索到基因信息，而且还不会对 DNA 钱包的隐私性和匿名性造成任何侵犯。

山姆·巴拉马是 DNA.Bits 的首席执行官，他曾详细描述过 DNA.Bits 的主要目标：“保护患者的个人隐私，让患者可以搜索并控制自己的医疗记录和基因数据，同时也让全人类的基因数据实现交换共享。”

如果山姆·巴拉马描述的目标可以达成，医疗机构还是可以使用患者的病例数据，然后在此基础上对医疗保健制度进一步完善；与此同时，医药企业还可以根据这些数据研发出更加有效的药物，从而帮助患者尽早康复。

按照 DNA.Bits 的设想，区块链的侧链将会记录并存储患者的基因数据和医疗记录，一旦交易产生，数据就会被移动到比特币区块链上。

基于此，DNA.Bits 希望可以通过向各个平台授权掌握数据而得到一些售前盈收，同时也希望以收取各个平台交易合约费用的方式来获得盈利。

对于 DNA.Bits 而言，无论是拥有基因的人，还是拥有数据的人，或是进行基因相关研究的人，都可以成为潜在客户，其中甚至还包括医药企业、政府公共卫生部门、科研院所等。

相关数据显示，与 2016 年相比，2017 年全球制药市场的价值有了大幅度提高，已经达到 10 万亿元。在美国，遗传医学市场的价值每年都在提高，生物工程产品制药的占比更是已经超过 20%。由此来看，在基因数据和医疗记录数据方面，制药行业的需求是特别大的。

DNA.Bit 目前正在做的是在不泄露患者个人隐私的情况下，为需要基因数据和医疗记录数据的各方构建一个系统。可以说，利用区块链存储这些数据是一个非常不错的解决方案，不过依然需要将这一应用落地。

2. 私人密钥唯一识别

Smadar Horowitz-Cederboim 是耶路撒冷遗传学协会中心的人员，他曾说过："对照检索不断变化的医疗和基因记录，并且保护患者的个人隐私不被泄露，无论是在个体化用药领域，还是在遗传咨询领域，这都将成为颠覆者。"

Shaare Zedek 遗传学协会的 Efrat Levy-Lahad 医生透露，在以色列，每年都会有超过 1000 名女性因患有乳腺癌而死亡，因此，为了降低乳腺癌患者的死亡率，以色列必须有一个可以保护患者个人隐私的 DNA 筛选和分析项目，只要项目被研究出来，以色列每年都会有超过 200 名乳腺癌患者可以免于死亡。

乳腺癌虽然只是一个很小的个例，但却能推及世界上任何一种疾病。不过，从目前的情况来看，DNA 筛选和分析项目还面临着诸多问题，其中最突出的是隐私问题。如果患者不信任医疗机构、医药企业、医疗保健公司、政府机构等组织，就不会把自己的个人隐私交给它们，而区块链则可以解决这一问题。

有了区块链以后，患者不需要信任任何机构或个人，因为只要是记录和存储在区块链上的信息数据，只能使用私人密钥来识别。如果没有征得患者的同意，任何机构或个人都无法获取其真实身份信息。这也是 DNA.Bits 公司始终都在做的研究。

对于医疗领域而言，区块链 DNA 钱包的作用是非常重大的，一方面，可以在一定程度上降低人类的死亡率；另一方面，可以保护每一位患者的个人隐私。由此看来，区块链 DNA 钱包的落地是一件特别值得期待的事情。

10.2.4 蛋白质折叠

人们对蛋白质折叠的意义进行研究，主要是为了揭示生命体内的第二套遗传密码。蛋白质折叠的速度非常快，而且过程很难捕捉。斯坦福大学的教授们曾经使用成本高昂的超级计算机来模拟这一过程，但是这种方式不仅成本十分高昂，而且还存在单点故障的问题。

随着区块链的兴起和发展，借助一个巨大的分布式网络进行高速运算成为解决这一问题的最佳选择。也正是因为如此，很多使用超级计算机的研究学者都已经开始关注区块链在蛋白质折叠上的应用，具体可以从图 10-3 所示的两个方面进行说明。

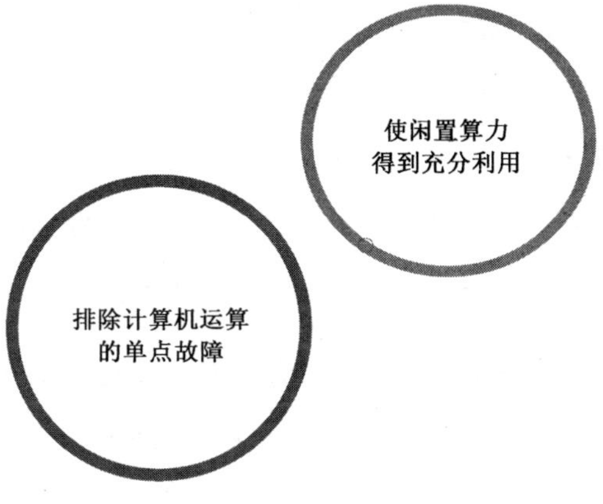

图 10-3　蛋白质折叠的重点

1. 排除计算机运算的单点故障

截至 2017 年上半年，还没有公司着手对区块链在蛋白质折叠方面的应用进行研究，与之有关的理论也并不是特别完善。因此，了解一下目前的蛋白质折叠的研究情况是非常有必要的。

2000 年 10 月 1 日，由斯坦福大学化学系的潘德小组主持的 Folding@home 项目正式启动。据悉，该项目主要研究蛋白质折叠的分布式计算工程，并于 2007 年被吉尼斯世界纪录承认为世界上最大的分布式计算项目。

Folding@home 项目始终致力于通过模拟蛋白质折叠过程来了解某些疾病（例如，牛海绵状脑病、阿尔茨海默病、各种癌症及其相关综合征等）的起因和发展。相关数据显示，该项目已经可以对长达5秒的蛋白质折叠过程进行模拟，达到了之前预计的可模拟时段的数百万倍。另外，还有数据显示，截至2013年年底，参与Folding@home项目并且提交成果的人已经超过100万，该项目的计算能力总和可以排到全球超级计算机的前十名。

据了解，在进行运算时，Folding@home的客户端使用了已经修改过的4款分子模拟程式——TINKER、GROMACS、AMBER、CPMD，而且还可以在许可的情况下不断优化，加快运算速度。

因为Folding@home项目的计算原理是高密度分子动力学，所以，在CPU、GPU等硬件方面的资源消耗非常大。在计算分子之间的长程力的影响下，Folding@home项目的计算代码中的代码条件分支也变得十分常见，该项目对GPU着色器灵活度的要求也越来越高。与此同时，Folding@home项目的GPU使用量也越来越大。

另外，Folding@home项目为GPU提出了许多考验，最大的一个是对流处理器的计算自由度的考验，在这种情况下，GPU不仅要拥有更加强大的调度能力，而且还要拥有更加完善的缓存体系。

作为一个分布式计算的项目，Folding@home的客户端正在被世界各地的人们下载，这样世界上最大的“超级计算机”就可以顺利构成。而且，每一台参与的计算机都会推动Folding@home项目的成功，从而使重大疾病可以尽快被攻克。

不过，对于Folding@home项目而言，构成“超级计算机”的每一台计算机节点也很可能会对运算结果的准确性造成严重影响。只要发生了单点故障，该项目就会计算出错误的结果，而且还很难被发现。如此一来，利用区块链技术代替“超级计算机”进行计算可以排除计算机运算的单点故障，这值得区块链创业公司进行深入研究。

2. 使闲置算力得到充分利用

前面已经说过，对蛋白质折叠过程进行模拟需要非常大的算力。然而，在更多情况下，尽管人们对计算资源的需求量不断增加，各种电脑还依然处于闲置状态。那么，究竟如何才能更加合理并高效地利用闲置的算力资源呢？区块链可以在搭建一个分布式网络的基础上有效解决这一难题。

吉尔斯·费达克是分布式云计算平台 iEx.ec 的联合创始人，他曾经说过：“为了运行大型应用和程序，同时也为了处理大量数据，各行各业需要的算力正在变得越来越多。”确实，像产品仿真、3D 渲染、深度学习这些领域对算力资源和高性能运算的需求已经有了大幅度增加。

IBM 副总裁兼 WebSphere 首席技术官科莫表示：“超级计算机的最大障碍是压缩时间，而我们对业务流程的完成速度也提出了越来越高的要求，因此对算力的需求也呈指数级增长。”

物联网分布式账本 IOTA 的联合创始人 David Sonstebo 也认为，无论是实现实时计算，还是解决现有云计算模式延时的问题，都是十分重要的。同时他还说道：“总的来说，计算的最大问题是生成数据的设备与分析数据的数据中心距离太远。”

SETI@home 计算资源共享平台虽然已经存在了很多年，但事实证明，在进行任务分配和管理时，该平台还是无法离开中间商，这让事情变得越来越复杂。举一个非常简单的例子，物联网领域的中心化云计算就不是最佳解决方案。

Sonstebo 表示：“不断发展的物联网对分布式计算有着非常强烈的需求。”在互联网的中心化云计算系统中，边缘云设备会不断生成数据，而数据处理则需要应对各种各样的挑战，例如，信号冲突、网络不通畅、地理距离、往返延时等。设备与设备之间必须可以进行实时计算资源交易，才有利于计算负荷的分散。

有时，中心化架构可能会直接拒绝一些软件的产品线，如分布式应用等，这样在一定程度上导致了分布式人工智能、雾计算、平行流数据处理等无法实现。像分布式应用这种等级的应用非常具有挑战性，因为这些应用既属于算力密集型，又属于数据密集型，无法与中心化基础设施很好地契合。

鼓励资源共享是中心化模式的另一个问题。对此，分布式计算平台 Golem 的联合创始人指出：“纵观虚拟化技术近一二十年的发展就可以知道，在数据中心或个人计算机中搭建任何环境都是比较简单的，但要真正实现出租硬件还是很困难的。由于将不同供应商的设备进行对比是一个复杂过程，找到最契合任务的解决方案将会花费很多时间，同时也需要非常强的专业性。”

在 Monax 的首席技术官普雷斯顿·拜恩看来，支付方面的主要问题有两个——一个是如何确定参与者已经执行了任务；另一个是如何保证算力提供者了解了交换价值。如果是和受信任的机构进行合作，这些问题就好解决，但如果是硬件和算力参差不齐的节点，那么情况就会变得非常复杂。

利用区块链构建的分布式计算机网络有利于实现共享经济，如此一来，所有拥有计算机的人就可以将空闲算力租出去，从而获得额外盈利。另外，区块链和分布式账本的点对点特性还能拉近提供算力的设备与数据来源之间的距离，避免提供算力的设备与云设备之间的往返延时。

普雷斯顿・拜恩说道：“虽然区块链本身并不是一个计算平台，但是可以构建出一个连接计算时间的买卖双方的市场应用，使其利用数字货币进行支付，而且根本不需要任何第三方。”

在 Tangle 这一基础上，IOTA 已经开发了分布式账本，一方面，可以消除区块，改用有向非循环图；另一方面，有助于大幅度减少交易的时间和费用，可谓是在 M2M 环境下分布式算力按需交易模式的核心。

企业社区服务办公室的 Julien Béranger 表示：“iEx.ec 是另一个采用以太坊区块链搭建的分布式计算平台，该计算平台不仅提供应用、数据及算力，还提供高性能计算。”而这也意味着，任何人都可以通过区块链智能合约提供算力。

据悉，iEx.ec 利用 Desktop Grid、Volunteer Computing 将世界上闲置的所有算力都收集在一起，执行大型并行应用。值得一提的是，该计算平台的成本要比传统超级计算机的成本低得多。

在区块链的助力下，分布式运算的算力已经有了大幅度提高，对此，吉尔斯・费达克说道：“在中心化云计算模式下，数据中心往往在偏远地区，而区块链支持去中心化基础设施，可以使数据、数据提供者、消费者之间的距变得更近。”

未来，人类对算力的需求将会越来越大，而现有云服务器还不确定是不是可以通过升级来满足人类在算力方面的需求。不过，令人欣慰的是，区块链可以实现传统技术没有办法实现的一些事情。只要区块链成功运用于分布式运算当中，就会出现很多可以代替 Folding@home 项目的新项目，与此同时，蛋白质折叠的研究也会越来越深入，越来越出色。

第 11 章

区块链应用于能源领域

CB Insights 是一家非常著名的创投调研机构，该机构曾刊登过一篇文章。该文章称，区块链正在一点点进入能源领域。的确，越来越多的区块链应用希望可以实现能源行业的去中心化，从而在保留有效记录的同时大幅度降低交易成本。

在能源领域，区块链应用已经变得越来越普遍，之所以会出现这种情况，主要是因为区块链有 3 个重要作用：实现分布式的能源交易、利用智能合约平衡供给与需求、安全记录能源流。本章我们将对此进行详细说明。

11.1 布局能源区块链

目前，区块链正在如火如荼地发展，这也使得一大批能源企业开始布局能源区块链，以占据市场先机。2018 年年初，一家名为 Sun Exchange 的南非区块链初创公司获得了 160 万美元的融资，以启动太阳能广播平台；同年 2 月，招商局慈善基金、TUV Nord、新能源交易所、熊猫绿色能源集团、华为共同发起了能源区块链项目。可见，能源区块链的巨大价值已经被挖掘出来，越来越多的企业和机构开始在这上面布局。

11.1.1 实现分布式能源交易

一直以来，能源互联网都致力于推动多种能源系统（例如，电、热、气、电气化交通等）的高效融合和互通互联。鉴于这种情况，建立一个可以使各种能源实现自由交易的综合能源交易平台就成为当务之急。我们以区块链为基础，再结合智能合约的能源交易系统就可以实现此功能，其具体架构如图 11-1 所示。

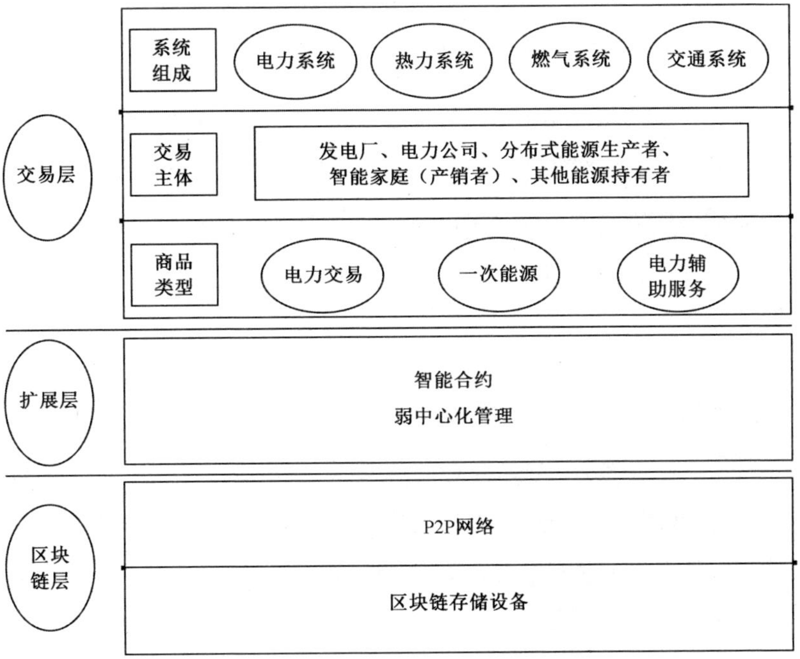

图 11-1　能源交易系统架构

通过图 11-1 可以看出，能源交易系统架构分为 3 层：交易层、扩展层和区块链层。其中，区块链层是整个架构的最底层，同时也是非常重要的基础。而扩展层则为交易层提供支持，以便实现多个系统之间的能源交易。区块链层是整个架构的底层技术基础。接下来我们对这 3 个层次进行详细说明。

1. 交易层

交易层的系统主要包括电力系统、热力系统、燃气系统、交通系统等，系统与系统之间耦合互联，从而形成了一个混合能源系统。另外，在能源互联网下，主要有发电厂、电力公司、分布式能源生产者、智能家庭、其他能源持有者这几种交易主体。

值得一提的是，无论是发起能源交易，还是完成能源交易，都在交易层中进行。一旦能源交易正式完成，过程中产生的交易数据就会被送到扩展层，形成智能合约，然后通过弱中心化管理（分布式管理）的方式实现可行交易，最后由区块链层记录和存储相关数据。

2. 扩展层

扩展层有两个功能：一个是智能合约，另一个是弱中心化管理（分布式管理）。各交易主体进行协商，达成一致的交易意向，并形成智能合约，该智能合约会经过 P2P 网络广播到区块链的每个节点。另外，只要达到智能合约的执行条件，智能合约就会自动执行，从而大幅度提高交易效率。

我们知道，与普通的商品相比，能源有非常大的不同，因此在交易时必须对其进行严格的管理。例如，为了使电网可以顺利且安全地运行，中心机构必须把握全局，并在必要的情况下做出决断，同时还要对电力交易进行协调。由此来看，相关交易准则及设备安全标准的制订都是必不可少的。

3. 区块链层

前面已经说过，区块链层是整个架构的底层技术基础，由 P2P 网络、区块链存储设备这两部分组成。一般来讲，大量的网络节点都会聚集在区块链层当中，这些网络节点拥有各自的存储设备，可以成为区块链的存储点。此外，每一个网络节点的地位都是对等的，并通过扁平式拓扑结构实现了相互之间的贯通和联动，组成 P2P 网络。

区块链层中的网络节点可以承担各种各样的功能，例如，对区块数据进行验证和传播、网络路由、发现新节点、存储数据记录等，不仅如此，这些网络节点还可以在审视自身情况的前提下，决定到底是加入还是退出网络。

将区块链层加入能源交易系统架构当中，相当于将区块链引入能源交易当中，与此同时，一个基于 P2P 网络的分布式体系也被建立了起来。不过，我们要在这样的分布式体系中完成陌生人之间的交易，还面临一个较大的问题——怎样达成彼此之间的互信？

通常情况下，传统中心化体系解决信任问题都是依靠第三方，而区块链则有所不同。从本质上讲，区块链是交易各方建立信任机制的一个最佳数字解决方案。为了取代对第三方的依赖，区块链使用分布式的数据区块存储，从而形成了一个分布式记账系统，这样一来，所有的交易数据都会被记录和存储在区块链的每个节点上，而且如果想要对其进行篡改，就需要所有节点同时确认。

在区块链建立的信任机制下，无论是谁都可以加入一个公开透明的网络，并对这一网络上的所有交易进行见证。另外，在全体节点进行共识检验的情况下，网络中任何节点之间都可以绕过第三方实现直接交易，与此同时，所有的交易记录、历史数据等重要信息都会进行分布式存储，其中还包括密码学协议，这样可以最大限度地保证这些重要信息不会被篡改。

11.1.2 利用智能合约平衡供给与需求

自从出现了区块链这一新兴技术，通过智能合约构建能源系统的可能性变得越来越大。只要有交易发生，智能合约就会在第一时间告知系统，这些都是以事先定义好的规则为基础的。在规则的助力下，所有的能量和储能容量都可以被自动控制，从而使供给与需求始终保持一种平衡的状态。

举一个非常简单的例子，当电力供给大于电力需求的时候，智能合约会把多余的电力存储在储能装置中，而且是完全自动的；相反，当电力需求大于电力供给的时候，智能合约会让存储在储能装置中的电力去填补电力供给的不足。当然，这一过程同样也是自动的。通过这种方式，无论是电网中电能的流向，还是储能设备，都可以被智能合约直接控制，与此同时，智能合约也可以起到管理虚拟电厂的作用。

采用区块链记录和存储交易数据以后，无论是能源流的分布式记账，还是交易活动的分布式记账，都已经成为可能。另外，这些能源流和交易活动都可以被智能合约驱动。由此来看，集智能合约与分布式账本于一身的区块链，确实可以对能源网和储能设备产生直接且深刻的影响。

11.1.3 安全记录能源流

以分布式的方式将所有的交易数据都记录和存储在区块链上，可以在很大程度上保证能源流和交易活动的安全。通过智能合约对能源流和交易活动进行控制，可以使其以防篡改的方式记录在区块链上。因此，将区块链应用于能源领域可以确保能源流被安全记录，在这一方面，智利似乎已经占据了领先地位。

智利国家能源委员会是智利的一个能源监管机构，在 2018 年年初，其已经宣布将把区块链技术引入国家能源网中，希望以一种更加安全的方式对平均市场价格、燃料价格、边际成本等相关行业数据进行验证。

据智利国家能源委员会介绍，他们一直致力于让所有能源行业数据与智利可再生能源法的监管要求相符。另外，该委员会执行秘书长 Andrés Romero 指出："我们非常担心能源数据安全，而区块链技术可以很好地消除这一担心。"在他看来，智利国家能源委员会决定使用区块链这一项创新技术的主要原因是区块链可以在很大程度上保证数据的不可更改性。

从某种意义上讲，区块链技术其实是一种数字化公证，不仅可以确保能源网络的数据门户网站上的所有存在信息都是没有被篡改的，而且还可以证明网站提供的信息没有被更改或修改。这样公众提供给监管机构的数据就会有非常强的可信度和真实性，从而使公众、投资人、利益相关者更加信任国家电网。据了解，从 2018 年 3 月开始，智利国家能源委员会就已经着手推动国家能源网络与区块链技术的融合。在区块链技术的支持和帮助下，智利监管机构的每一项要求都可以被能源企业很好地满足。

实际上，在这之前，标普全球普氏就已经自主研发出了一份比较完善的区块链解决方案，目的是对阿联酋的石油信息进行报告。此外，以太坊 WePower 项目也使用区块链技术记录和存储电网运营数据，而且还通过“智能计量”帮助企业对电网数据进行更加深入的分析。

11.2　区块链在能源领域的应用

通过前面的内容，我们可以感受到区块链的强大作用，而正是这样的强大作用，才决定了区块链将会在能源领域得到很好的应用。值得一提的是，这里所说的应用具体包括点对点电力交易、电动汽车充电与共享。本节我们将对这两个应用进行详细说明。

11.2.1 点对点电力交易

在人类社会中，垄断与反垄断的斗争似乎一直都存在。从人们享受到由电提供的服务开始，电力交易一直被少数寡头控制。但不得不承认的是，在这之前，高昂的基础设施建设费用也确实只有少数寡头才有能力承担。

从售电方到购电方，其中包含着各种各样的花费，例如，坐落在大城小镇中的变电站、长度高达数千千米的输配电网络、超百万的工作人员……这些花费让那些经济实力较差的中小企业望而生畏，不过，在这巨额投入的背后还隐藏着非常丰厚的利润。

相关数据显示，2017 年，美国加州最大的电网公司已经拥有超 650 亿美元的资产，净利润也高达 13 亿美元。其实，之所以会有如此丰厚的利润，最大的“功臣”是电力交易的商业模式——对售电渠道进行垄断，在这样的商业模式下，人们只能从电网公司购电，根本没有别的选择。

从目前的情况来看，在光伏电板技术不断发展的影响下，部署家用光伏发电设备的家庭也变得越来越多，而一些费用更低、污染更小的清洁能源（例如，风能、核能、太阳能、潮汐能等）也希望可以分得火电市场中的一杯羹，这些都在打破电力市场的垄断局面。这样一来，很多家庭都希望可以把剩余的电力销售出去，那些清洁能源也希望可以通过降低价格来提升自己的吸引力。

孙少峰是伊利诺伊大学香槟分校的一名学生，学习的是电子工程专业，对于这一命题，他有着非常浓厚的兴趣，而近些年区块链技术的迅猛发展也让他看到了其中的可能性。据孙少峰自己介绍，随着分布式能源的逐渐崛起，电力交易市场一定会发生翻天覆地的变化，在这种情况下，怎样实现现有电网系统与新能源产业的完美融合、怎样使现有交易系统与电力市场结构相适应、怎样用一种更加智能的方式将产电与用电连接在一起，成为未来必须解决的问题。

孙少峰决定先从点对点的电力交易市场着手，建立一个交易平台。据了解，为了让交易双方可以轻松、自由地进行电力交易，该平台不仅不收取任何交易费用，而且还采用先进的区块链技术来保证交易的公开透明。

除此以外，孙少峰还希望交易平台可以提供一种优选购电的服务，具体来说，平台规定售电方将产电的碳排放量标识出来，让购电方可以根据碳足迹等级，自由地购买自己心仪的清洁能源。

目前，在区分清洁能源方面，美国市场的做法非常简单，例如，根据清洁能源种类将其标识为“太阳能”“潮汐能”“核能”“风能”等，或者是直接将清洁能源标识为“清洁”“不清洁”。不过，如果后期处理技术不相同，那同一种清洁能源在生产过程中排放的污染也会有所不同，由此来看，优选购电服务的最佳标准还应该是碳排放量。

在区块链技术方面，孙少峰选择的是双链结构，以联盟链为主。之所以会这样选择，主要是因为在所有的区块链技术当中，只有联盟链才可以承受电力交易这种级别的速度和吞吐率，而且也只有联盟链才不需要硬分叉就可以维护。

另外，利用实用拜占庭容错算法共识，人们可以在不支付任何手续费的情况下进行电力交易。而作为交易平台的一个高级功能，优选购电服务仍然会回到以太坊上的公链，因此，只要是交易平台的用户，就可以自己决定是否享受优选购电服务。

据悉，孙少峰将这个交易平台命名为“NAD Grid”，仔细想来，这一名称是具有深刻意义的：在光合作用中，辅酶是运输电子的一个重要载体，而 NAD 正是辅酶的英文缩写。这也表示，正如辅酶可以在光合作用中发挥强大作用那样，“NAD Grid”也会在点对点电力交易中发挥强大作用。

11.2.2 电动汽车充电与共享

相关数据显示，到 2020 年，中国各类电动汽车保有量将超过 500 万辆，其中包括 430 万辆电动公务车和电动私家车。不过，在电动汽车产业以迅雷不及掩耳之势发展起来的同时，也面临着以下两方面挑战。

（1）随着电动汽车的大规模接入，电网负荷比之前有了较大的增长，峰谷差不断加剧，控制难度越来越大。

（2）现有充电基础设施建设和运营模式无法跟上电动汽车的发展脚步，过度重视电动汽车而忽视充电桩的现象越来越普遍，从而导致“车多桩少”或“有车无桩”情况的出现。

从目前的情况来看，电动汽车接入电网方面的研究已经非常深入，也取得了一些比较不错的成果。不过，因为充电服务的商业模式还并不是非常成熟，很难在短时间内盈利，所以，大部分公司都不敢在充电基础设施建设上投入过多的资金，从而导致充电桩建设滞后的现象。

由充电桩建设滞后引起的充电难严重影响了电动汽车的生产、使用和销售等。在这种情况下，如何将社会资本引进充电服务市场、如何创新充电服务模式、如何改变各方在充电服务模式中的角色……成为当下必须解决的问题。

随着区块链的兴起和发展，这些问题已经获得了很好的解决，也正是因为如此，越来越多的公司开始建设电动汽车充电网络。以 BP 公司为例，在 2017 年 7 月，BP 公司和电动汽车厂商进行了深入谈判，谈判目的是为电动汽车厂商安排更多的充电地点。

不过，其实还有一种方法也是非常值得关注的，即对路灯和现有的街道基础设施进行大规模改造。具体来说，通过街道和居民使用的电力为电动汽车充电，而这也在一定程度上显示出了点对点的巨大魅力，与电动汽车领域的 Airbnb 一样。

目前，加州提出了一项全新的倡议，使点对点电动汽车充电方式的优势充分体现了出来。MotionWerk 开始与一家大型充电桩制造公司 eMotorWerks 合作，旨在共同为普通用户提供家用充电桩设备，而这一充电设备也可以用来为电动汽车充电。据悉，用户除了可以在地图上查询到哪里有空余充电桩，还可以进行评论和打分。更加值得一提的是，该设备使用了 eMotorWerks 的双向 JuiceNet 软件平台，可以对进入到电动汽车中的所有电流进行管理和统计。

由于区块链是去中心化的，而且还非常不集中，因此，可以分散为好多个小的统计系统。在这些小的系统中，交易信息可以被记录和存储在多台计算机上。最初，区块链的主要用途是追踪比特币，之后又被用来追踪电子信息、保险合同、证券等比特币以外的数字单位。在区块链上，无论是能源在两极和电动汽车之间的流动，还是能源在建筑和汽车之间的流动，或是能源在电动汽车和电动汽车之间的流动，都可以被自动记录和存储。

据悉，eMotorWerks 公司还特意剥离出了一个创业公司——Innogy，而 Innogy 的美国业务主管弗朗西斯卡 • 海因特曾明确表示："我们看很多人不希望，也不愿意购买电动汽车，主要原因是担心行驶距离达不到自己预期的要求。在我们的平台上，一个最重要的目标是让电动汽车使用起来更加容易和方便。通过区块链，不仅使许多设备可以连接到一起，而且连交易也可以自动发生。"

相关数据显示，在美国，50%左右的电动汽车车主都会在家里安装充电设备，而在美国电动汽车保有量为 70 万辆的情况下，这可以带来额外 30 万台充电设备。对此，eMotorWerks 公司的创始人 Val Miftakhov 说道："与公共场所相比，在家里安装充电设备的成本要更低。一般来讲，在家里安装充电设备的成本大概为 1000 美元，如果换成公共场所的话，成本就会变成 1 万美元。"

与此同时，Miftakhov 还表示："从我们公司的计算结果可以得知，在电动汽车比较多的城市地区，每台充电器每年带来的收入大约为 500

美元，所以，电动汽车车主可以在两年之内收回安装充电设备的成本。”另外，当电动汽车处于网络当中时，会成为整个网络的一部分，也就是说，所有的电动汽车其实都是一个可以移动的巨型电池，而且可以为网络贡献自己的价值，因此，最终的结果将会是共享电池和共享能量的共同作用。

与其他共享经济相比，电动汽车充电与共享并没有什么不同，最根本的问题在于是不是真的想要共享，这样的尝试并不是每一个人或每一个企业都愿意进行的。正如海因特所说：“你可以将它和 Airbnb 做比较，有人不想将自己的房间出租出去，因为他觉得家里有一个陌生人，让人觉得不舒服。有些人家里有很多之前的东西，也不想有陌生人住进来。但是也有些人觉得没问题，这就是差别所在。”由此来看，电动汽车充电与共享还有比较长的路要走，但只要走完，就可以为能源领域和电动汽车行业带来多方面的优势。

第 12 章

区块链的未来发展

区块链从出现至今，经历了以下几个阶段：开发和探索阶段（2015年）；初级发展阶段（2016—2017年），在这一阶段，区块链的资产配置价值被银行发现，与此同时，监管规则的重要性也被银行意识到；中级发展阶段（2018—2024年），在这一阶段，监管措施、新服务、供应商都开始出现；成熟发展阶段（2025年），在这一阶段，区块链将成为主流，并可以很好地与资本市场体系相融合。

12.1 区块链将如何改变世界

如果说对人类未来十年影响最大的科学技术是什么，那一定非区块链莫属，这一论断也得到了“数字经济之父”Don Tapscott的认可。区块链很可能会引发第四次工业革命，并对互联网甚至人类社会进行重新定义。在区块链的影响下，一个所有资产都被数字化的世界将会展示出来，到那时，资产转移就像信息传递一样快捷、方便、便宜，智慧城市也变得越来越多。

12.1.1 数字化的个人资产

在大多数人眼中，比特币和计算机数字也许并没有什么不同，其实如果仔细思考，这样的想法也颇有几分道理，因为数字货币确实已经走进了人们的日常生活。具体从图 12-1 所示的 3 个方面进行说明。

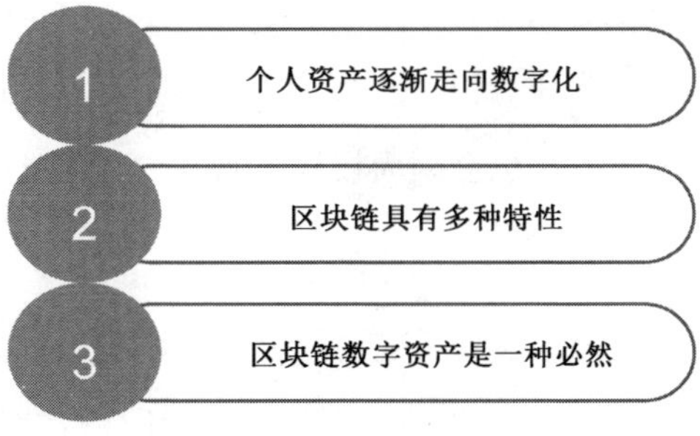

图 12-1 个人资产的数字化

1. 个人资产逐渐走向数字化

无论是银行卡里存的钱，还是支付宝、微信里面的钱，或是非常火爆的比特币，本质上都是一堆数字。从目前的情况来看，数字化的货币已经与人们的生活息息相关，大多数人都无法再适应不能用支付宝、微信等电子支付平台进行支付的状态，而这一切早已经成为不可逆的社会趋势。

房产登记会被记录和存储在国家房产的数据库当中，股票所有权也可以被记录和存储在证券交易所的数据库当中。自互联网兴起和发展以来，资产就被打上了数字化的烙印，移动互联网的普及，把资产数字化与人们的生活紧紧地连接在一起。

2. 区块链具有多种特性

时至今日，比特币已经稳定运行了 7 年多，市值更是高达 300 多亿美元，其间虽然遭受了无数次的攻击和破解，但却很少被攻破。之所以会出现这样的情况，主要是因为区块链有自己独一无二的特性（不可篡改、公开、交易难度低、智能合约等）。区块链利用一些比较先进的技术，例如，程序代码公开、相互校对、多台电脑一起计算等，确保即使个别电脑被入侵和篡改，也会因为校验不具备效力而被全网剔除。

另外，只要是在区块链上进行的资产交易和流转，就会特别迅速，也特别简单。不仅如此，因为其交易的公开性，一笔正式发布的交易除了要在全网广播，还必须经过共同确认，之后还会被打包到一个历史区块里做签名，而下一笔交易则会以上一个区块的签名为基础进行计算。因此，如果想要对某个交易数据进行篡改的话，必须将其后的交易数据一起篡改才可以保证整个链条的完整性和有效性，但必须知道的是，全网的计算节点根本不会接受这样的做法。

实际上，资产无论是被发行到区块链上还是交易所上，都可以挂牌、交易。而那些必须实名认证的交易型资产，在进行交易操作的时候则需要借助 KYC 的个人账户，或者在使用个人签名认证以后再进行交易操作。

此外，个体将资产发行到区块链上可以签订一种网络合约——智能合约，然后合约可以在满足条件的情况下自动执行。举一个非常简单的例子，为了向乙方借款，甲方把资产抵押给了乙方，并约定一年内偿还所有借款，如果一年以后乙方还没有收到借款的话，智能合约就会将甲方抵押的数字资产自动转移给乙方，整个过程不仅不会受到第三方的干扰，而且还不需要担心会出现违约或难以执行的现象。

3. 区块链数字资产是一种必然

资产登记中心、银行、证券交易所中的数据库都是中心化的，一旦受到黑客的蓄意攻击就会产生比较严重的后果，而自从去中心化的区块链出现以后，这样的情况就有了很大的改善。因为区块链的节点会同时运行并相互钳制，要想对数据库进行篡改，必须攻击 50%以上的节点，这一点是所有黑客都很难做到的。

从安全性上考虑，在保存个人资产等不容许篡改的信息时，人们需要将中心化数据库进化为去中心化区块链数据库。另外，区块链因为具有公开性和不可篡改性，所以它具有一种权威的公正性，这样人们在记录和存储某些需要公开的资产时，具有公正性的区块链网络就成为最佳选择。

某些发行在区块链上的资产会具有流动性和可交易性，一般的资产交易的成本和复杂性非常高，如果通过区块链进行资产交易的话，只要在手机 App 上就可以完成，整个过程不会超过 1 分钟。

有些事物只要被发明出来并得到很好的使用，人们就很难再习惯没有它们的生活，智能手机、区块链等都是极具代表性的例子。

12.1.2 促进智慧城市发展

2018年年初，普华永道发布了一篇名为《区块链让城市更智能》的区块链报告，报告不仅对区块链的概念本质及工作原理进行了深度剖析，而且还从图12-2所示的八大领域着手，对区块链的智慧城市应用进行了盘点。

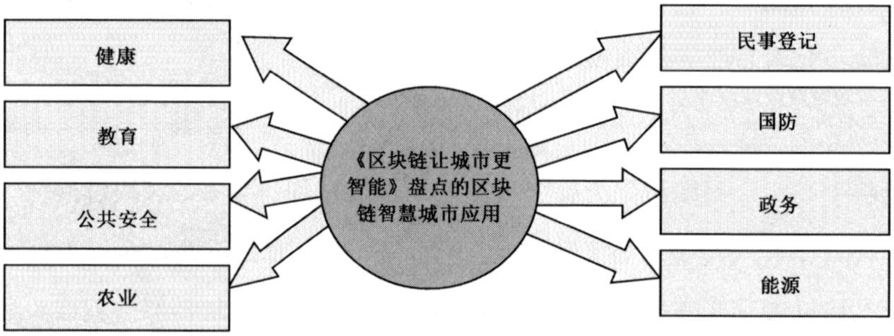

图12-2 《区块链让城市更智能》盘点的区块链智慧城市应用

由此可见，区块链和智慧城市正在成为不可分割的整体，一方面，区块链可以促进智慧城市的发展；另一方面，智慧城市可以倒逼区块链的完善和进步。现在，智慧城市不再处于之前那种只是概念和模型的阶段，而是已经发展到了不断探索的规划和建设阶段。与此同时，区块链也是处于探索阶段的一项风口技术，并吸引了大量的个体和企业的加入。

在这种情况下，以区块链为基础的新型智慧城市也逐渐兴起，建设新型智慧城市的核心有两个，一个是大数据，另一个是区块链。通过组合“一中心、四平台、多应用、统一链”的方式建立多维度的智慧城市解决方案。

其中，“一中心”指的是以城市为基础的各维度大数据中心；“四平台”指的是智慧民生综合信息服务平台、智慧城管综合信息服务平台、智慧政务综合信息服务平台、智慧经济综合信息服务平台；“多应用”指的是各种各样的智慧应用；而“统一链”指的则是以区块链为基础的智慧城市信息生态。

毋庸置疑，城市是一个非常复杂的综合系统，不仅包含极为稠密的人口，还汇聚了各种各样的场景，在这种情况下，建设智慧城市就变成了一个系统工程，并且还需要各种现有技术的支持和帮助。实际上，区块链在某些现有技术（大数据、互联网、云计算等）的基础上重塑信任机制，使网络在实现信息传播的同时还可以实现价值转移。

在建设和发展智慧城市的过程中，区块链可以应用于智慧园区、智慧物联网、智慧资产、智慧供应链等方面。接下来通过以下几点进行详细说明。

（1）利用区块链的点对点通信机制，智慧园区的运营成本就会有大幅度的降低，智慧物联网的设备也会越来越普及。

（2）利用区块链的不对称加密特性，智慧城市居民的隐私就会得到保护，信任机制也会得到重塑。

（3）在智慧资产方面，利用区块链为实体资产提供数字化证明，不仅可以使传统资产的流通速度变得越来越快，还可以使交易成本变得越来越低。

（4）在智慧供应链方面，区块链可以对食品、工业品、药品等产品进行追根溯源，从而将用户买到假货的风险降到最低。另外，传统的信息孤岛也有望被打破，加强供应链上下游之间的联系，减少时间与经济成本。

除此之外，区块链还有许多其他方面的应用，如智慧交通、法律、电子政务等。必须承认，在建设和发展智慧城市的过程中，区块链的作用是非常大的，前景也十分广阔。可以说，区块链的未来已经到来，只是还没有流行，以区块链为基础的智慧城市值得期待。

12.2　行业未来的发展前景

2018 年 4 月 8 日至 11 日，主题为“开放创新的亚洲 繁荣发展的世界”的博鳌亚洲论坛 2018 年年会在海南博鳌正式召开。在此次论坛中，清华大学国家金融研究院院长朱民说道：“区块链作为一个技术在未来，我觉得是革命性的，之所以区块链在将来有很大的应用，是因为它的去中心化，它的保密性，它的可信度，它的便捷等。所以，我觉得区块链是很好的。”确实，区块链拥有非常广阔的发展前景，本节将对此进行详细说明。

12.2.1 财富转移的必然性

单从表面来看，财富转移似乎和区块链、数字货币并没有太过密切的联系，但其内在的逻辑，却可以帮助个人和企业做好当下、迎接未来。

实际上，如果把每一个个体都当成一个财富点，然后将其按照年龄、性别、地域、文化水平等因素进行分类，那么个体所做出的花钱、挣钱的行为，可以使财富在社会上流动起来，这是一个非常简单的财富转移过程。

另外，通常来讲，财富转移的形式并不单一，而是多种多样的，主要包括图 12-3 所示的 4 种。

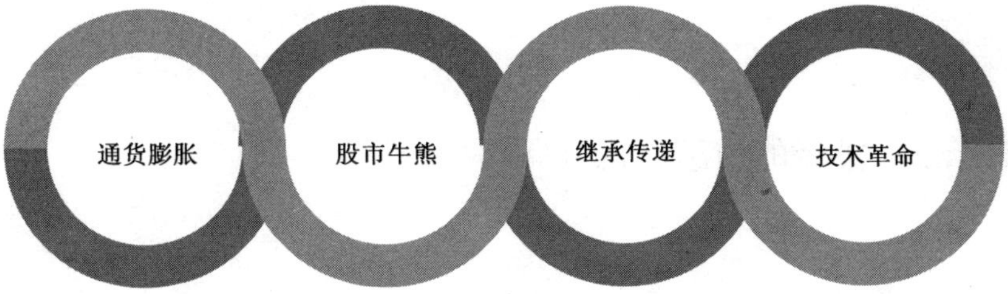

图 12-3 财富转移的 4 种主要形式

在这 4 种形式当中，最具代表性的应该是技术革命，因为每发生一轮大的技术革命，都会有一个新的时代被开启，而与新旧时代交接同时到来的就是大规模的财富转移。

从目前的情况来看，区块链已经站在了转角的十字路口，对于想要掘金的个人和企业而言，大部分财富转移基本上会在前面的5年完成。在2018年，无论是区块链，还是与区块链息息相关的数字货币行业，都会以迅猛的态势发展起来，个人和企业会蜂拥而上，并对更多的行业和领域产生深刻影响，例如，金融行业、人力资源行业、保险行业、制造行业、医疗健康行业、零售业、互联网领域、法律领域、人工智能领域等。

这就是趋势的强大力量，如果个人和企业没能及时跟进，就会被远远地甩到后面，有些甚至还会被无情淘汰。从区块链出现以后，市场结构就有了非常大的转变，在这种情况下，个人就应该摒弃原来的思维，而企业则应该摒弃原来的商业模式和业务模式，只有这样，才可以满足新市场的要求，从而尽快找到并成为区块链生态系统上的新节点。

12.2.2 投资的持续升温

从区块链出现以来，其热度一直没有消退，并逐渐成为各行各业争相拥抱的对象。不过，在这背后还隐藏着不可忽视的资本力量。从全球智库区块链研究中心提供的相关资料及数据来看，投放于区块链领域的资本持续增多，2017年，中国区块链相关项目融资总额已经超过12.7亿元，而仅在2018年1月这一个月的时间内，区块链领域的融资金额高达6.8亿元，已经超过2016年一整年的融资总额。

从 2017 年开始，中国区块链领域的典型融资事件一直不断增多，根据区块链项目类型来划分，主要包括图 12-4 所示的几个。

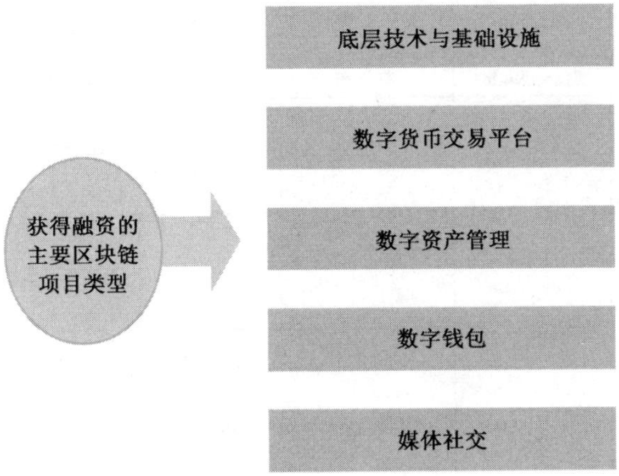

图 12-4　获得融资的主要区块链项目类型

1. 底层技术与基础设施

底层技术与基础设施类的区块链项目获得了最高金额的融资，少的可以达到几百万元，多的则可以达到几亿元甚至几十亿元，而轮次多为天使轮。据悉，这类区块链项目的主要方向是通过对区块链的底层技术进行深度研发，大幅度降低区块链的使用门槛。2017 年以来，底层技术与基础设施类区块链项目的融资情况如表 12-1 所示。

表 12-1　底层技术与基础设施类区块链项目的融资情况

时间	项目	金额	轮次	投资方
2018 年 2 月	京杭区块链	数千万美元	天使轮	瞰澜资本
2018 年 1 月	ATN.io	数千万美元	不详	龙庆投资、追梦者基金、水滴资本、道合金泽资本
2018 年 1 月	Hero Node	未公布	天使轮	星河投资
2018 年 1 月	IOST	未公布	A 轮	FBG 资本、维京资本、红杉海外、经纬中国、险峰长青、高榕资本、真格基金
2017 年 11 月	布比	1 亿元	A 轮	信链创投、盘古创富、博将资本、长江国弘、步长集团等
2017 年 11 月	链上科技	数百万元	天使轮	节点资本
2017 年 9 月	好扑	2800 万元	Pre-A	丹华资本、华创资本、信天创投、陶石资本、德鼎创新、微汇金融
2017 年 7 月	好扑	600 万元	天使轮	陶石资本
2017 年 6 月	金息互信	3000 万元	A 轮	昆仲资本、联想创投集团（乐基金）
2017 年 5 月	信链	数百万元	天使轮	中骏资本
2017 年 4 月	北京博晨	1000 万元	Pre-A	用友网络
2017 年 1 月	北京博晨	168 万元	战略投资	用友网络
2017 年 1 月	量子链 Qtum	数百万元	种子轮	未披露

其中值得一提的是，在 2017 年 11 月，布比完成了金额高达 1 亿元的 A 轮融资，在区块链领域整体处于早期阶段的情况下，这样的融资金额完全可以体现出资本对区块链的青睐。

2. 数字货币交易平台

在整个区块链产业链上，最关键的一环应该是数字货币交易平台，之所以这样说，主要是因为数字货币交易平台可以起到连接区块链项目与投资方的作用。从目前的情况来看，数字货币交易平台类的区块链项目已经拥有了比较成熟的商业模式，而且也受到了资本的青睐。自 2017 年以来，数字货币交易平台类区块链项目的融资情况如表 12-2 所示。

表 12-2　数字货币交易平台类区块链项目的融资情况

时间	项目	金额	轮次	投资方
2018 年 1 月	Zeniex	未公布	不详	奇虎 360
2018 年 1 月	热度链	1.5 亿元	天使轮	创世资本、FBTC、泛娱链、筹帷资本、IBT 资本、比特信仰、量子资本等
2018 年 1 月	Hydro	未公布	A 轮	硬币资本、真格基金、丹华资本、LinkVC 连接资本、FBGCapital 等
2018 年 1 月	EverMarkets	未公布	A 轮	DFund、LinkVC 连接资本 BlackVC、preAngel、Chain Cpital、硬币资本
2017 年 12 月	Bee Chat	未公布	A 轮	DFund、维京资本
2017 年 11 月	Cointiger	数百万元	天使轮	节点资本
2017 年 11 月	JEX	数百万元	种子轮	节点资本
2017 年 5 月	公信宝	数千万元	天使轮	真格基金、李笑来

其中，最受关注的是公信宝这一融资案例，由于其在天使轮获得了由真格基金、天使投资人李笑来联合投资的数千万元，因此获得了区块链行业的广泛关注。

3. 数字资产管理

一般来讲，数字货币具有交易自由、波动性强、风险大等特点，因此，投放到这一领域的资本并不是非常多。不过，随着资产数字化趋势的渐趋明显，这一现象已经有了明显改善。从 2017 年开始，数字资产管理类区块链项目获得了越来越多的投资，具体融资情况如表 12-3 所示。

表 12-3　数字资产管理类区块链项目的融资情况

时间	项目	金额	轮次	投资方
2018 年 1 月	Finbook	数百万美元	天使轮	真格基金
2018 年 1 月	BitCV	数千万元	天使轮	星耀资本、火种资本、赵鸿锋、广禾资本、碳 9 加速器
2017 年 2 月	塔链网络	数百万元	天使轮	陶石资本
2017 年 12 月		600 万元	天使轮	圭泽资产、陶石资本、比特大陆科技
2018 年 1 月	Coin Meet	数百万元	天使轮	节点资本
2017 年 12 月		数千万元	种子轮	科银资本、BlockKVC 等
2017 年 11 月	域链	数百万元	天使轮	节点资本

4. 数字钱包

近几年，中心化的数字货币交易平台正在遭受越来越严重的攻击，因此，数字钱包的安全性就显得比之前更加重要。2018 年年初，猎豹移动正式发布了《2018 全球加密数字货币钱包安全白皮书》，对数字货币钱包存在的安全漏洞问题进行了详细解读，同时也提出了相应的安全性建议。由此来看，去中心化的区块链数字钱包将会拥有非常广阔的前景，而事实也证明，数字钱包类的区块链项目已经获得了资本的青睐，具体融资情况如表 12-4 所示。

表 12-4　数字钱包类的区块链项目的融资情况

时间	项目	金额	轮次	投资方
2017 年 12 月	Kcash 钱包	未公布	不 详	硬币资本
2017 年 12 月	九章比特	数百万元	天使轮	Oju Group 集团
2017 年 12 月	库神钱包	1000 万美元	A 轮	区块链资本

5. 媒体社交

进入 2018 年以后，在区块链产业链上最活跃的一个环节是媒体社交。从 2018 年年初一直到现在，数百家自媒体相继诞生。此外，还有多个社交媒体类的区块链项目获得了融资，具体融资情况如表 12-5 所示。

表 12-5 社交媒体类区块链项目的融资情况

时间	项目	金额	轮次	投资方
2018 年 3 月	陀螺财经	700 万元	天使轮	七星数字基金、Wedo 基金
2018 年 3 月	布洛克	未透露	战略投资	Bee Chat
2018 年 3 月	火星财经	未公布	A 轮	IDG 资本、泛城资本、明势资本等
2018 年 3 月	块连线	300 万元	种子轮	Tokenup
2018 年 3 月	虎尔财经	数千万元	天使轮	DFund 等
2018 年 3 月	金钱报	数千万元	不详	极豆资本
2018 年 3 月	巴比特	1 亿元	A 轮	普华资本、泛城资本、启赋资本、比特大陆
2018 年 2 月	链得得	数百万元	天使轮	钛媒体
2018 年 2 月	中国区块链观察	100 万元	天使轮	PreAngle
2018 年 1 月	DATA	数千万元	A 轮	真格基金、丹华资本、大都会资本、华创资本、BG 资本等

上述几个类型的区块链项目都获得了非常多的融资，这也在很大程度上反映出区块链投资的持续升温。但即使如此，广大投资方还是应该理性看待区块链，对其中的风险必须进行谨慎思考。

12.2.3 传统行业的大洗牌

自从区块链出现以后，传统企业不能再像之前那样，只注重商业模式和产业运作方式，而是应该思考更深层次的问题，例如，怎样才可以提高产业运作方式的效率？现有商业模式是不是符合新时代的要求？

在很多专家和学者眼中，区块链其实是第二代互联网，拥有改革货币、洗牌传统行业的强大潜力。在这种情况下，传统企业应该认清并抓住区块链带来的新机遇，另外还要对其中的风险进行谨慎评估，从而提升自身的竞争优势。

目前，无论是国内还是国外的风险投资机构，都非常关注区块链产业。2017 年 6 月，京东与多个政府部门（例如，国家质检总局、农业部、工信部等）达成了合作，共同使用区块链技术搭建防伪追溯平台；同年，区块链租房应用平台在雄安新区建成；2018 年 4 月，腾讯云正式发布《区块链 TBaas 白皮书》，对区块链在物联网领域的应用进行了大胆设想和深入阐述。

除此以外，为了提高运营效率，同时也是为了降低运营成本，很多跨国企业也开始在区块链上积极布局，下面以三星和马士基为例进行详细说明。

在很早之前，三星就已经有了研发区块链总账系统的计划，计划一旦变成现实，运费将会大幅度下降。三星是世界上规模最大的智能机和半导体制造商，在管理供应链网络的时候，很可能会使用加密货币背后的先进技术。

对此，三星旗下 IT 服务公司 Samsung SDS 的区块链技术部门主管 Song Kwang-woo 指出："三星已经有了开发一个区块链总账系统的机会，该计划的目的是对全球产品的运送进行监控，以及最大限度地降低运费。"

目前已经有很多企业都想要将区块链技术部署到各项业务当中，三星是第一批认真计划在其日常运营中使用分布式总账系统的制造商之一，这将会对传统制造行业的供应链产生深刻影响。可以说，区块链将加速传统行业的大洗牌。

2018 年年初，海运行业巨头马士基公司与 IBM 达成了合作，携手将区块链应用到海运管理当中。众所周知，IBM 始终致力于区块链的开发，马士基与其合作以后，一定会发生不小的变化。

据悉，马士基总部位于丹麦的哥本哈根，于 1904 年正式成立，发展到现在，旗下的办事机构已经遍及全球 135 个国家，工作人员数量也已经超过 85000 人，在码头运营、集装箱运输、石油和天然气开采与生产、物流、航运等多项活动中，为客户提供最为优质的服务。

马士基虽然是海运行业巨头，但也面临着一些制约其发展的问题，其中最突出的一个是，文件与合同的管理特别麻烦。具体来说，管理文件与合同的过程非常烦琐，从而导致了耗时长、效率低、质量差等现象的出现。然而，自从马士基与 IBM 合作以后，区块链就融入了文件与合同管理的过程中，并使这方面的工作效率有了很大的提高。

可以看到，无论是作为传统制造业代表的三星，还是作为传统海运行业代表的马士基，都受到了区块链的恩惠，例如，相关成本的降低、工作效率的提升、工作时间的缩短等。而这些也都在一定程度上表示区块链有潜力，也有能力帮助传统行业重新洗牌。

12.3 巨头的行动：勾画区块链的蓝图

在一些发达国家，区块链创业公司已经成为各种资本争相追逐的目标，微软、IBM、德勤等传统 IT 企业也参与了进来，希望可以占领先机。2016 年 1 月 20 日，中国人民银行召开了“数字货币研讨会”，花旗、德勤的专家出席此次会议，并针对数字货币进行了深入研讨。巨头们在区块链上的行动已经越来越多。可以预测到的是，区块链将会在商业、企业、政府中发挥越来越重要的作用。

12.3.1 高盛《区块链：将理论应用于实践》

高盛是一家非常著名的投资银行，总部位于美国纽约。作为世界财富 500 强企业之一，高盛拥有着非常广阔的业务范围，涵盖投资银行、证券交易、财富管理等多个领域。另外，高盛还将分部设在了中国香港，并分别在 23 个国家和地区设立了 41 个办事处。2016 年 5 月，高盛发布了一篇名为《区块链：将理论应用于实践》的区块链报告，深刻阐释了区块链在金融服务、共享经济、房地产等领域的重要作用。

众所周知，区块链是比特币的底层技术，对传统技术的突破主要体现在建立了以点对点为基础的去中心化新体系。由于区块链具有去中心化的特征，因此，可以提供整个网络内的自证明功能，通过中心化的第三方机构统一更新和验证账本的时代也即将成为过去。

不少学者和专家认为，比特币是区块链的第一个应用，无论是其发展，还是其成熟，都可以证明区块链通过去中心化和去信任的方式集体维护一个可靠数据库的方式是可行的。也正是因为这样，很多华尔街投行都表现出了对区块链的浓厚兴趣，其中就包括高盛。

据悉，《区块链：将理论应用于实践》是一篇长达 88 页的报告，报道的开头是这样一段话：“关于区块链技术的讨论，在过去一直都是抽象的，关注的焦点也都是市场去中心化及去第三方中介的机会，现在我们将关注重点从理论转向实践，研究区块链技术在现实世界中的应用场景。”高盛关注的区块链应用主要包括图 12-5 所示的 5 个方面。

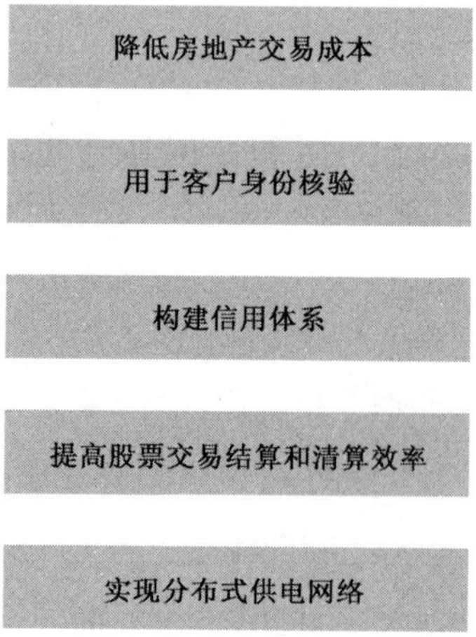

图 12-5　高盛关注的 5 个区块链应用

1. 降低房地产交易成本

目前，在进行房地产交易时，买方需要人工确认卖方对房屋的所有权。这种确认方式不仅要花费较多的成本，而且出错率还非常高。如果房地产的所有权信息都由区块链记录和存储的话，那么买方就可以轻松查询到卖方是不是拥有房屋所有权。

高盛发布的《区块链：将理论应用于实践》报告写道：“想要购买新房或利用产权进行再融资的房主，面临着很大的交易成本，包括产权保险，其中产权确认可能要耗费大量人力成本。随着业务流程的改变，区块链可以减少差错和降低人力成本，从而将产权保险费用降低。引入区块链技术后的房地产产权确认流程将会极大简化传统的房地产交易产权确认流程。”

2. 用于客户身份核验

如果由区块链记录和存储相关数据，金融企业就可以按照监管要求对新客户的身份进行验证，与区块链技术在 Airbnb 中的应用类似。

高盛发布的《区块链：将理论应用于实践》报告写道："在区块链中存储账户和支付信息，实现新开账户设定标准化的要求，从而可以提升数据质量，减少错误的被识别为'可疑交易'的情况。记录不可篡改的这种特性，也让金融企业更加了解客户，更加符合反洗钱监管的要求。"

3. 构建信用体系

在构建信用体系方面，区块链技术与 Facebook 有比较多的相似之处。当区块链记录和存储了人们的网络身份信息后，就可以与共享经济或其他行业的网站评价及评分系统相互衔接。这样在进行信用调查时，对方只需要输入被调查者的身份 ID，就能获取他的信用值，从而知道这位被调查者是否具有可信度。不过，与 Facebook 不同的是，区块链不能简单地通过删除账户或重新注册来解决差评的问题，因为在区块链上，被调查者的身份具有唯一性，所有的记录都不可以被篡改，而且也不会出现重复记录。

高盛发布的《区块链：将理论应用于实践》报告写道："Airbnb 等 P2P 住宿平台致力于利用私人住所打造公开市场来变革住宿行业，但是人们对这种服务的接受程度不容乐观，因为人们的人身安全及财产损失得不到保障。如果引入安全且无法篡改的数字化资质和信用管理系统，我们认为将会提升 P2P 住宿的接受度。"

高盛方面还表示:“住宿行业可能采用区块链技术的企业包括Airbnb、HomeAway 及 OneFineStay 等，市场规模高达 90 亿美元。”

4. 提高股票交易结算和清算效率

在股票交易中，约有 10%的过程都是人工处理的，如果引入区块链技术，整个过程就可以自动执行。通常来讲，股票交易指令的执行环节是比较简单的，而该环节以后的结算和清算则十分复杂，区块链就可以在这方面发挥重要作用。

高盛发布的《区块链：将理论应用于实践》报告写道：“通过在交易启动时引入协议，区块链能消除一些最常见的交易后的问题及差错，如错误的结算指令和账户/指令细节等。当前，这些细节的确认由多个参与方（DTCC、托管行、经纪商和客户）在整个交易周期的多个时点进行。如果区块链能在这些参与方中完全加以应用，其中很多属性可以打包进智能协议，从而变成交易指令执行之前的要求，而不是在交易后要求多个参与方核验并同意。”

高盛方面指出，区块链技术将会使美国每年节省 20 亿美元的股票交易成本。从全球范围来看，如果交易成本与股市市值成比例，那么每年节省的交易成本则可以达到 60 亿美元。

5. 实现分布式供电网络

从目前的情况来看，无论是家庭还是企业，使用的电都是由供电机构提供的，而区块链技术则可以使分布式供电网络成为现实，从而让居民自己发电，然后到网络上销售。除此以外，区块链还可以保证网络售电交易的安全，因为所有的交易均由这一网络签名，已经购买过电量的客户无法抵赖说他没有购买，因为区块链已经将购买记录存储了下来。

高盛发布的《区块链：将理论应用于实践》报告写道："随着太阳能及高容量电池技术的发展，个人很有可能成为分布式电力供应者。我们认为，对于相互之间没有任何关联的人来说，利用区块链技术能在分布式网络中实现个人之间的安全电力交易。"高盛方面认为，TransActive Grid 及 Grid Singularity 都是可能的使用者，分布式供电网络的市场规模达 70 亿美元。

像高盛这样享有国际声誉的知名投资银行都特意发布了区块链报告，足以看出区块链的强大吸引力及广阔的发展前景，而这也在提醒广大企业，必须积极拥抱区块链这一新兴技术，以便促进自身的长远发展。

12.3.2 BitPay 融资 3000 万美元

2014 年 5 月 14 日，区块链支付初创公司 BitPay 宣布，获得了金额为 3000 万美元的 A 轮融资，值得一提的是，这是当时比特币界最大的一笔融资。此轮融资由 Index Venture 领投，AME Cloud Ventures、Felicis Ventures、Founders Fund、Horizons Venture、RRE Ventures、Richard Branson、TTV Capital 等企业也进行了投资。

据悉，BitPay 其实相当于线上支付龙头 PayPal 的比特币版本，不仅可以提供各种支付的后端技术支持，还可以提供前端购买按钮的嵌入服务。在交易过程中，BitPay 接受用户的比特币，然后将比特币换算为真实的货币，并打到商家的账户中。

因为 BitPay 大幅度降低了交易成本、缩短了交易时间，而且还给商家真实的货币，所以俘获了一大批用户的芳心。拿跨境交易来说，商家接受汇款的流程既烦琐又麻烦，手续费也非常高，而 BitPay 则利用比特币解决了这些问题。

2015 年年底，BitPay 与全球发展最快的数字游戏交易市场 G2A.COM 达成了密切合作，合作以后，G2A 开始在其 G2A.COM 市场接受比特币支付。对此，G2A.COM 全球支付执行副总裁 Bob Voermans 表示："G2A.COM 非常高兴确认 BitPay 将成为我们值得信赖的合作伙伴。如今，BitPay 是 G2A Pay 所提供的支付建议的一部分。通过增加比特币支付方式，G2A 的买卖双方将会受益于一种伟大的全球支付方式。据我估计，此次合作将加快卖家增长的速度，因为客户将在 G2A.COM 市场购买得更加频繁。"

另外，BitPay EMEA 总经理马塞尔·罗隆也表示："对于与 G2A 的合作，我们感到非常高兴。这有助于我们面向更多游戏用户扩大比特币支付范围。游戏等数字产品本身就是没有边界的，而使用比特币作为全球支付手段将进一步丰富在线体验。"

除了 G2A. COM，BitPay 还与 Valve 游戏开发公司达成了合作，这也意味着，万众期待的比特币支付方式已经来到了游戏平台 Steam。据 BitPay 方面透露，Valve 在此次合作中是主动方，因为 Valve 期望游戏平台 Steam 的运营可以走向国际化。对于新兴市场的 Steam 用户来说，BitPay 让他们购买游戏变得更加方便。

BitPay 在博客中写道："在很多国家，大多数用户都可以上网，但是像信用卡这样的传统支付方式可能依旧没有流通。作为全球性的货币，比特币可拉近 Steam 与全球每个市场玩家的距离，也不存在传统支付的较高手续费或被欺诈的风险。"

因为自身所具备的强大优势，再加上与 G2A.COM、Valve 的合作，BitPay 已经得到了众多企业的信赖，例如，微软、在线支付公司 Adyen 和 Neteller 等。BitPay 提供的数据显示，2014 年，BitPay 处理的比特币交易额已经达到了 1.588 亿美元，平均每天为 43.5 万美元。

另外，截至 2016 年，BitPay 已经完成了 270 万美元的种子轮融资，以及金额高达 3000 万美元的 A 轮融资。其中，BitPay 的种子资金是由李嘉诚通过旗下私人创投基金维港投资与其他投资者共向投放的。

对于这两次融资，Bitpay 总裁托尼 • 加利皮（Tony Gallippi）说道："我们将会把资金用在拓展国际业务方面，重点发展新兴市场，扩大公司的员工规模，并将印度这样很少人拥有银行账户的国家作为重点推销对象。此外，我们还会为 BitPay 增加一些新功能。"

实际上，早在投资之前，维珍品牌的创始人查理德 • 布兰森已经与 BitPay 签订了合约，他曾明确表示："之所以选择投资 BitPay，主要是因为我相信银行正面临重大的改革和创新，而维珍航空已率先进入'替代支付'（非现金支付）的模式。"

投资 BitPay 以后，维珍旗下的商业太空航空公司维珍银河率先使用了比特币支付方式，这样用户可以使用比特币购买机票。此外，维珍银河还制定了预付 25 万比特币可以获得太空旅行套餐的优惠活动。布兰森表示："在振奋人心的货币革命中，比特币作为一种服务，将会持续建立消费者对数字货币的信心，推动数字货币的发展，而 BitPay 或许就是下一个独角兽。"

据了解，在 BitPay 获得了 3000 万美元的 A 轮融资以后，使用 BitPay 服务的商家平均每周都会新增 1000 个左右。可以看到，BitPay 不仅受到了投资者的青睐，也受到了商家的青睐，因此，其在未来的发展是非常值得期待的。

12.3.3 智能合约平台 Symbiont

Symbiont 是一家新型的区块链平台公司，致力于为数字货币与电子金融产业提供服务，并希望可以建成世界上第一个用于发行基于区块链的智能证券和交易智能证券的平台，以此来推动区块链在全球资本市场中的不断发展。

在 Symbiont 平台上，机构和投资者都可以通过智能证券的方式，对各类金融工具进行发行、交易和管理。据悉，2016 年 1 月 13 日，Symbiont 已经获得了 700 万美元的 A 轮融资，其估值更是高达 7000 万美元。

Symbiont 是由 Robby Demody、Evan Wagner、Adam Krellenstein 联合创立的合约币项目。另外，Symbiont 方面表示："Symbiont 正在建立首个用于发行区块链智能证券和交易智能证券的平台。"这里所说的智能证券是描述智能合约的术语，其可以使用特定的规则进行编程。在

Symbiont 平台上，所有的智能合约都是使用区块链技术来实现传统证券编程化。

合约币项目是 Symbiont 智能合约平台的一个前身，建立在比特币区块链之上，是早期比特币 2.0 项目之一。从本质上来看，合约币不只是比特币的点对点支付网络，同时也允许用户执行不同的金融应用，更重要的是，还可以受到区块链的保护。

其实，之前合约币项目已经获得了 125 万美元的种子轮融资，投资者包括前城堡衍生品集团联席总裁马特・安德森、前纽约证券交易所总裁邓肯・尼德奥尔。

可以看到，智能合约领域已经获得了越来越多的关注和投资，正如虚拟资本风险投资公司合伙人威廉・莫盖亚尔所说："已经有越来越多的风险资本进入智能合约领域，这是非常好的现象，这表示区块链解决方案顺应市场发展需求。然而，我们不能把融资金额的多少作为是否成功的标志。我们会看到，一些公司融资很少但是做得非常好，还有一些公司虽然融到大量资金，最后反而失败了。我们更应该专注于评估区块链对金融服务的影响。"

除了 Symbiont 智能合约平台，以比特币区块链为基础的智能合约交易平台 Mirror 也获得了 A 轮融资，而且在融资时间和融资金额上都要优于 Symbiont 智能合约平台。据了解，Mirror A 轮融资的领投者是投资公司 Route 66 Ventures，而跟投者则主要包括巴特利风险投资公司、交联资本、RRE Ventures、蒂姆・德雷珀等。

实际上，在 2014 年 5 月，Mirror 的前身 Vaurum 已经获得了 400 万

美元的种子轮融资，投资者包括巴特利风险投资公司、蒂姆·德雷珀、Verizon 旗下互联网公司 AOL 的总裁史蒂夫·凯斯。

Mirror 的总裁艾维许·巴阿玛曾说过：“当前，金融服务行业正发生着一场巨大变革，我们已经看到一个前所未有的机遇。接下来，我们将致力于为风险管理与套期保值提供更先进、更高效的服务。”两轮融资共为 Mirror 带来了 1280 万美元的资金，在这笔资金的支持下，Mirror 将会建立工程团队并拓展其国际业务。

可见，无论是前面两小节提到的高盛、BitPay，还是本节提到的 Symbiont、Mirror，都非常重视区块链这一项新兴技术，而且也把区块链的蓝图勾画得特别美丽。未来，区块链的发展将会越来越好，其发挥的作用也会越来越大。

图书在版编目（CIP）数据

区块“链”接智能 / 吴锐，刘导著. —北京：电子工业出版社，2018.12
ISBN 978-7-121-35407-6

Ⅰ. ①区… Ⅱ. ①吴… ②刘… Ⅲ. ①电子商务—支付方式—研究 Ⅳ. ①F713.361.3

中国版本图书馆 CIP 数据核字（2018）第 246885 号

出版统筹：刘声峰
策划编辑：黄　菲
责任编辑：黄　菲　　　特约编辑：刘广钦　刘红涛
印　　刷：三河市鑫金马印装有限公司
装　　订：三河市鑫金马印装有限公司
出版发行：电子工业出版社
　　　　　北京市海淀区万寿路 173 信箱　邮编 100036
开　　本：720×1 000　1/16　印张：18.25　字数：234 千字
版　　次：2018 年 12 月第 1 版
印　　次：2018 年 12 月第 1 次印刷
定　　价：65.00 元

凡所购买电子工业出版社图书有缺损问题，请向购买书店调换。若书店售缺，请与本社发行部联系，联系及邮购电话：（010）88254888，88258888。

质量投诉请发邮件至 zlts@phei.com.cn，盗版侵权举报请发邮件至 dbqq@phei.com.cn。

本书咨询联系方式：1024004410（QQ）。